活學活用生活易經

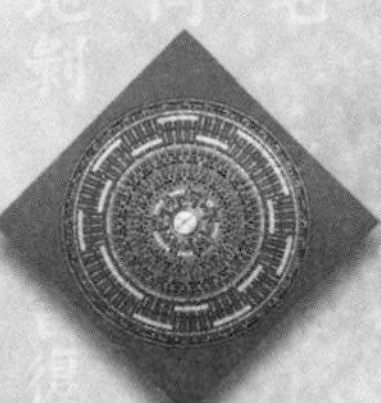

黃輝石◆著

《易經》與生活

中華道教學院教務長
陳飛龍 教授

牛同樣地吃草，有的牛擠出來的乳汁濃厚香醇，有的擠出來的卻稀薄乏味；同樣閱讀一本書，但寫出來的文章，往往有著兩極化的評價。這就看閱讀者眼力的深淺如何，能不能看到他人所沒有注意到的地方，就如同瞎子摸象一般：有人說大象像是一堵矮牆；有人則以爲大象好似四根肉柱；其實並不值得大驚小怪。眾人皆從自己的角度出發，以致有著迥異的看法與評價。

東漢鄭玄〈易贊〉云：「《易》一名而含三義：易簡一也，變易二也，不易三也。」「易簡」也者，就是「簡易」，說的是《易經》功用之一，是以簡馭繁，利用簡易的原則，可以統御、控馭宇宙一切繁雜的萬事萬物。吾人只要循流溯源，借資《易》道，便能適應紛擾變幻的人間世。「變易」也者，說的是宇宙人生無時無刻都在變化，它象徵著自然界隨時產生的現象、以及人類心中所思考的意象。《易經》功

用之一，即根據前賢先哲所說「抽足再入，已非前水」、「今日之我，已非昨日之我」。蓋自天地開闢，陰陽運行，寒暑迭來，日月更出，生生不息，瞬息萬變，莫非借資變化之力、換代之功。「不易」者，天在上、地在下，君南面、臣北面，父坐子伏，此亙古不變的恒理。《易經》的功用，上及天文，下迨地理，中及於百姓之日用，無不彌綸在它的範圍之內。譬如天地無不持載、無不覆幬，故經萬變而常存，歷萬劫而不壞。這大概出之於《易經》這部書籍，依仗陰陽奇偶的變化，用來囊括宇宙人生的象，再清楚闡述內聖外王道理的緣故。

黃輝石賢棣治學寖淫於《易經》，獨具匠心，專以《易經》爲極歸。前年曾出版《學會易經・占卜的第一本書》，即針對「易簡」而撰；今日欣逢黃君新書《活學活用生活易經》契合「變易」一義，行將付梓之際，故樂於爲之作序，加以勉勵。尤望假以時日，黃君又能有探索《易經》「不易」問題之大作問世。如此一來，他所擠出牛奶的濃度、他所探得事實的眞象，當可預期。

自序

研習學習《易經》二十年，深深感覺到《易經》的最終目的就是能在生活中學以致用，學通了就方便利用，就能達到事半功倍的效果，這就是所謂的「效率」。有目標就有方向感，借力使力就能節省很多力，因此想要活用《易經》就必須從古人占筮的史例去探討，方能體悟出箇中的奧妙。

《象傳、大畜》云：天在山中，《大畜》。君子以多識前言往行，以畜其德。象傳說：天被山所包含，象徵著巨大的積蓄。君子觀此卦象及卦名，從而得到啓示，要多研究古籍、古史，將古人的言行記在心中，以累積自己的德智。《大畜》卦取此爲象，用意在於比喻人心雖小，卻可以藏無限的歷史經驗，因而蓄養自身的智慧和品德。用「天在山中」的卦象來做比喻，方寸之心可以蘊蓄無窮盡的事物，實在很令人思索與玩味。

從《國語》與《左傳》所記載的史實事例，到邵雍的「梅花易數」，還有孔子以及紀曉嵐曾經占斷過的實例，這一切奠定了《易經》在道術方面的運用，貢獻之大是不可言喻。俗語常說：有樣學樣，沒有樣就要自己想。因此凡行事作爲均必須要遵循古聖先賢的軌跡，除非迫在眉睫，方可另行主張，若想標新立異，也不能離經叛道，不然就有妖言惑眾之嫌，不可不愼也。

俗語云：「七坐、八爬、九發牙。」這句話在形容一個初生嬰兒的成長過程，有其階段性，七個月的嬰兒會坐起來，八個月開始會爬行，九個月大會長牙齒，一旦不符這個原則，那身體就有不健康的現象。這一段俗語說得很貼切，尤其用在學習《易

自序

經》的過程上，再恰當也不過。再恰當也不過。雖因個人資賦之不同而有特例，但以常態而言，是離不開此原則。我謹秉持循序漸進的態度來研習《易經》，並效法至聖先師孔子研讀《易經》，到「韋編三絕」的地步。雖然我的資質不及孔老夫子，但我相信勤能補拙，抱持著「有志者事竟成」的信念，並以終身學習的目標作爲人生的座右銘。

《活學活用生活易經》這一本書是延續筆者前年的著作《學會易經占卜的第一本書》而撰寫，其主旨在於如何循序漸進的活用《易經》，進而從學以致用當中來汲取《易經》裨益於人生的一些實用的智慧。其中有一些細節並非一定要透過占卜才能解決，但有必要熟讀六十四卦的卦爻辭所象徵的大意，以確知當下面臨的狀況屬於何卦何爻的現象。《革，九五》爻云：「大人虎變，未占有孚。」意思說這件事已非常的明顯（有如老虎的毛色因季節性而變化），不用占卜便知道結果了。更呼應「善易者不卜」這一句名言。

我個人認爲學習《易經》要從興趣入手，一旦產生了興趣，再尋根究柢，以求知其所以然，從天道的運行到陰陽兩氣的變化，一切均因循著自然之理。所以要知道，天下唯一不變的東西就是「唯變所適」的「變」。

本書的內容一方面參照了很多種古今易學的專著，一方面累積了個人的經驗。撰寫期間並承蒙陳飛龍教授和胡其德教授的指導，才能順利完成，謹在此表示由衷的感謝。

茲不揣冒昧，提出我個人多年研習《易經》的心得，願意與大家共同分享經驗，並請博雅君子不吝指教。

二〇〇四年五月二十九日　黃輝石謹序于內湖

目錄

目　錄

第一章 前言

第一章　前言

秦始皇焚書坑儒時，《易經》以及種樹與醫藥有關的書籍因為與日常生活息息相關得以倖免於難，所以被保存了下來。所謂不讀古人書，不知天下事。要研究此一題目，就必須從兩千多年以來所有關於《易經》的書籍著手。兩千多年前《易經》思想就已經非常的成熟，很多學者均認為《易經》是群經之首。《易經》也是我國哲學思想的起源，舉凡諸子百家，或是傳統的倫理道德，莫不源自於《易經》，或由其演化而來。《易經》的求知，乃以實際的事務作為基礎，確富科學的求證精神。啓開知識理論與實際加以應用，當為《易經》精神之所在，用理智來取代所謂的迷信為用，就必須以相當的知識內涵做為基礎，然後才能夠來解決萬事萬物的疑難。

《周易・繫辭上傳》：「易有聖人之道四焉。以言者尚其辭，以動者尚其變，以制器者尚其象，以卜筮者尚其占。」

是以君子將有為也，將有行也，問焉而以言，其受命也如嚮。無有遠近幽深，遂知來物。非天下之至精，其孰能與於此。

參伍以變，錯綜其數。通其變，遂成天地之文，極其數，遂定天下之象。非天下之至變，其孰能與於此。易，無思也，無爲也。寂然不動，感而遂通天下之故。非天下之至神，其孰能與於此。夫易，聖人之所以極深而研幾也。唯深也，故能通天下之志。唯幾也，故能成天下之務。唯神也，故不疾而速，不行而至。（註一）（以下有關《周易・繫辭傳上下》均不另註）

子曰：易有聖人之道四焉者，此之謂也。

研究《易經》的方法離不開這四個聖人之道。這四個「道」，也是《易經》的四個面相，四個源流：

以言者尚其辭—針對卦辭、彖辭而言。

以動者尚其變—針對爻辭、爻位而言。

以制器者尚其象—針對卦象、卦體而言。

以卜筮者尚其占—針對透過占卜結果行其變化而言。

《周易・繫辭傳》是戰國之善易者與孔子門下研究《易經》的心得總結。所以若要致用《易經》，就必須深入《易傳》（註二），才能體會《易經》「依據什麼而作？又是如何作？如何來致用？到底功效是如何？」

易經深奧難懂，易理神秘莫測，自西漢以來，不少易學家對此下了不少工夫。例

如西漢的丁寬、孟喜、京房、費直，東漢的鄭玄、荀爽、虞翻，曹魏時代的王弼，都是其中佼佼者，尤其是王弼，更開啓了「掃象數，闡玄理」的學派，使《易》從「象數」走上「義理」（註三）。今人之研究易理者，從民初的顧頡剛、岑仲勉、屈萬里、金景芳，到當代之呂紹綱、張善文、王振復、周振甫諸人，於易理之發皇，皆各有千秋。筆者不揣翦陋，打算從「實用」的角度入手，讓深奧的義理得以明白；也讓複雜的「四營」（分兩、掛一、揲四、歸奇」和「十八變」得以簡化，讓大家「日用而知」，「習焉而察」，使悠久的中華學術得以發皇。這本即將問世的拙作，也是承襲筆者兩年前的著作《學會易經・占卜的第一書》而來，讀者不妨兩本一起參看。筆者也希望能藉著這兩本小著，帶動國內研究《易經》的新風潮，如此一來，筆者的研究就算是可以拋磚引玉了。

第二章 《易經》的緣由

第二章 《易經》的緣由

第一節 《易經》的命名與三義

通常談到《易經》，就知道是在講《周易》這一本書，因為中華文化源遠流長，博大精深，自孔子刪《詩》、《書》，訂《禮》、《樂》以後，加以《周易》一書，與《春秋》統稱為六經。「經」是聖人所著的書，仿照天地自然的準則，闡明人生的大道，讓百姓得以遵行。

自秦、漢以來，研究易學的學者，對於《易經》這一本書命名意涵問題，就出現了許多不同的說法，即所謂「三易」。

以下就從儒家、道家的角度來談這個問題。

一、從「儒家」的角度來看所謂的三易

鄭玄《易贊》說：「夏曰《連山》，殷曰《歸藏》，周曰《周易》。」《周禮・大卜》：「大卜……掌三易之法，一曰連山，二曰歸藏，三曰周易。」唐，孔穎達

《周易正義》說：「又文王作《易》之時，正在羑里，周德未興，猶是殷世也，故題周別於殷，以此文王所演，故謂之《周易》。其餘《周書》、《周禮》題周以別餘代。」朱熹《周易本義》：「周、代名也。」（註四）

易含三義：「易簡一也，變易二也，不易三也。」〔《易緯・乾鑿度》〕；鄭玄《易贊》、《易論》三義聯繫起來理解：變易，體現宇宙萬物永恒運動的本質；不易，說明事物運動可感知，可認識的相對靜止狀態以及宇宙發展規律的相對穩定性；易簡，則說明乾坤陰陽變化規律的本質的非神秘性和簡明性。（註五）

《易說》：「易一名而含三義。易也、變易也、不易也。」（註六）易者以言其德也。

1. 易者，通精無門，藏神無內，光明四通，佼易立節，虛無感動，至誠專密。此其易也。

2. 變易者，其氣也；天地不變，不能通氣，五行迭終，四時更廢。此其變易也。

3. 不易者，其位也；天在上，地在下，君南面，臣北面，父坐子伏。此其不易也。

鄭玄贊曰：「易一名，而含三義。『易簡，一也；變易，二也；不易，三也。』

易者，易簡也；變易者，天地之合也；不易者，天地之別也。」（註七）

㈠、**易簡，天地之德**。

故云「易者，以言其德也」。精，精微也。無門言，尚渾淪，未有門可出也。《周易・繫辭傳上》：「顯諸仁，藏諸用」。翼奉解云：露之則不神，故藏神，藏於內。無內言小也。光明、虛無也。道無不通，故光明四通。佼，健也。乾健而易，故佼易立節也。乾，其靜也專；坤，退藏於密。是專密之義。皆易簡之德。故云「此其易也。」無思無爲，感而遂通天下之故。是虛無感動也。誠者天之道，故至誠。

㈡、**太易者，未見氣也**。

太初者，氣之始也。故云「變易者其氣。」乾二五之坤，坤二五之乾，始而亨也。亨者通也。故天地不變，不能通氣。五行謂五氣也。迭，更也，相終始，故云「迭終。」《五行休王論》曰：「立春乾廢，立夏艮廢，立秋巽廢，立冬坤廢，故四時更廢也。」「變易」之義也。

㈢、**不易者其位，謂陰陽貴賤之位**。

天在上，地在下，此陰陽之位也。此「不易」之義。是《易》有此三義也。

《周易・繫辭傳上》曰：「……乾以易知，坤以簡能；易則易知，簡則易從；易知則有親，易從則有功；有親則可久，有功則可大；可久則賢人之德；可大則賢人之業。易簡而天下之理得矣。天下之理得，而成位乎其中矣。」

二、從「道家」的角度來解釋《易》之三義又是如何？

1、簡易

老子《道德經・四十二章》曰：「道生一，一生二，二生三，三生萬物。萬物負陰而抱陽，沖氣以為和。」（註八）

自然的規律使某種形象得以產生、這種形象又產生第二種事物，第二種事物又再產生第三種事物、以此類推。就產生了萬物。所有的萬物都包含在陰、陽兩個既對立又統一的裏面，互相沖擊又互相調和。這就是道的「簡易」也。《易經》的生成是從簡單的符號到複雜的卦象，再到卦爻辭，然後再化繁為簡。說穿了，就是陰陽變化的道理罷了。

老子《道德經・四十七章》曰：「不出戶，知天下；不窺牖，見天道。其出彌遠，其知彌少。是以聖人不行而知，不見而名，不為而成。」（註九）

不用出門，就能了解天下的大事；不看窗外，就能知道天體的運行規律。出門愈遠，知道的愈少。所以聖人不必親自去行動就能了解，不必親自去發現而能明白；自然無爲就能成就。這也是「道」的「簡易」。

老子《道德經・七十章》曰：「吾言甚易知，甚易行。天下莫能知，莫能行。言有宗，事有君。夫唯無知，是以不我知。知我者希，則我者貴。是以聖人被褐懷玉。」（註十）

老子說：我的道理很容易理解，也很容易施行。但是天下的人無法理解，也無法實行。其實我的道理都是有根本法則的。我要做的事也都有根據的，由於人的無知，所以就無法理解我的道理。理解我的人太少了，能仿效我的人更是難得。因此，聖人外面披著樸素的外衣，但內心裏卻懷著珍貴的寶玉。這也是「道」的「簡易」。一個研究《易經》有成就的人，表面上看起來是不怎樣，但在他的內心世界裡是非常的充實，應付人世間的酬酢往來輕而易舉。

2、變易

老子《道德經・十八章》曰：「大道廢，有仁義。智慧出，有大僞。六親不和有孝慈。國家昏亂有忠臣。」（註十一）

智慧與奸詐，乃一線之隔。聰明與狡猾、老實與笨蛋，根本是息息相關的孿生兄弟。誠實的智慧合於「道」，用之於世，爲人類社會謀福造利，那就對了，名之爲「德」。道是體，德是用。然而，誠實雖是好事，若是用不得當，那也會適得其反，壞了事情。

每一件事皆有其正反兩面，我們同時必須顧慮到。或者時間久了，思想搞不通，走了樣；或者某一個觀念流行多年，時遷境移，已不合宜，並且流弊叢生，失其原意，這就要懂得《大學》湯之盤銘文：「苟日新，日日新，又日新」（註十二）所說的道理了，此時必須知道變通。所以，老子的思想與《易經》的思想是一樣的，都在一個「變」字。善用《易經》的思維模式，具體的作法是在於調適日常生活的一些棘手煩人的問題，並非用在於作奸犯科，標榜神秘的色彩而使出虛詐的手段。

《易經》有五種學問—「理、象、數、通、變」。「理」是哲學的，《易經》每一個卦背後皆有其哲學道理。「象」，一件事物，一個東西，都有它本身的現象。比如虛空，也有它的現象，空空洞洞，不可捉摸。每一種現象的發生，必然有其形成的哲學道理。而這「理」和「象」二者，也可以藉數字符號來表達、整理，那便是「數」了。「理」、「象」、「數」是《易經》三個根本所在，必得將之透徹研究

後，才知道「通」，只知「理」，不通「象」、「數」；只知「象」、「數」，不通「理」都不行。要樣樣深入，全部融會貫通，方能達「變」；方能洞燭先機，隨時知變、適變、應變。知道變，而能應變，那還屬下品境界。能在變之先，先於天下的將變而變，才屬上品境界。等到事情已經迫在眉睫才變，那也恰恰只合於變通而已。老子對仁義、智慧所提的這番道理，也屬於變通的一種。

「象」與「數」本來屬於兩種不同的占卜系統，《左傳》僖公十五年，記載了韓簡的言論：「龜，象也；筮，數也。物生而後有象，象而後有滋，滋而後有數。」（見《十三經注疏．左傳》，大任書局，頁392）孔穎達的《左傳正義》解釋說：「卜之用龜，灼以出兆，是龜以金、木、水、火、土之象而告人；筮之用蓍，揲之以爲卦，是筮以陰陽蓍策之數而告人也。……物既生訖而後有其形象，既爲形象，而後滋氣，滋氣而後有頭數。」（同上註）這是把「象」放在「數」的前面。但是他又說：「若《易》之卦象，則因數而生，故先揲蓍而後得卦，是象從數生也。」（同上註）孔穎達之所以有兩種不同的說法，是因爲他認爲《周易》是從筮數發展而來。

《莊子．外篇．山木》曰：「莊子行於山中，見大木，枝葉盛茂，伐木者止其旁而不取也。」問其故，曰：「無所可用。」莊子曰：「此木以不材得終其天年夫。」

出於山，舍於故人之家。故人喜，命豎子殺雁而烹之。豎子請曰：「其一能鳴，其一不能鳴，請奚殺？」主人曰：「殺不能鳴者。」明日，弟子問于莊子曰：「昨日山中之木，以不材得終其天年；今主人之雁，以不材死，先生將何處？」莊子笑曰：「周將處乎材與不材之間。材與不材之間，似之而非也，故未免乎累。若夫乘道德而浮游則不然。」（註十三）

莊子用這一則故事來說明「材與不材」，「有用與無用」之間的取捨，不可偏滯於任何一個固定點，應該順任自然，游心於萬物的根源，使物而不被物使，這樣就不會受到牽累了。

「元、亨、利、貞」在《周易》的卦辭共出現七次〈乾〉、〈坤〉、〈屯〉、〈隨〉、〈无妄〉、〈革〉，除了〈乾〉卦之外，其餘六卦卻是有不同條件的限制，因此在判斷「因應之道」就必須懂得「變易」的要領才不會陷於矛盾之中。（註十四）

3、不易

老子《道德經・二十三章》曰：「希言自然，故飄風不終朝，驟雨不終日。孰為此者？天地。天地尚不能久，何況於人乎？故從事於道者，同於道；德者，同於德；

失者，同於失。同於道者，道亦樂得之；同於德者，德亦樂得之；同於失者，失亦樂得之。信不足焉，有不信焉！」（註十五）

人要清靜無爲，才能合於自然。所以暴風不會颳一整天。是誰造成這種情形呢？是天地。天地造成的暴風雨尚且不能夠維持長久，何況是由於人爲造成的呢？所以從事於道的就得到道；從事於德的就得到德；從事於不道德的，就得到不道不德。得到道的，道也樂於得到他；得到德的，德也樂於得到他；得到不道不德的，不道不德也樂於得到他。爲人的誠信不足，人民自然也不信任他。這就是「道」的「不易」定義也。《周易》對於誠信是相當程度的重視。《周易．繫辭傳上》：「天之所助者信也，履信思乎順，又以尚賢也，是以自天佑之，吉无不利也。」，正是此意。

第二節《易經》的創作者

《漢書．藝文志》易曰：「包羲氏仰則觀象於天，俯則觀法於地，觀鳥獸之文，與地之宜，近取諸身，遠取諸物，於是始作八卦，以通神明之德，以類萬物之情」。至於殷周之際，紂在上位，逆天暴物，文王以諸侯順命而行道，天人之占可得而效，於是重《易》六爻，作上下篇。孔氏為之彖、象、繫辭、文言、序卦之屬十篇。故曰《易》道深矣，人更三聖，世歷三古。」（註十六）

《周易・繫辭傳上》曰：「八卦成列，象在其中矣。因而重之，爻在其中矣。……」

來知德疏：伏羲八卦成列，雖不言象，然既成八卦，而文王象之，已在卦之中矣。伏羲八卦雖無爻，然既重其六，而周公六爻，已在重之中矣。（註十七）

因此可以知道，是文王重卦，周公繫六爻。這也比較沒有爭議性，但在《易傳》的部分爭議性就比較多。

所以「易更三聖」大概可以歸納為，包犧氏（伏羲）始作八卦，文王重卦，周公繫六爻，孔子作《易傳》，也就是俗稱的「十翼」。後者確實是有問題。根據張善文的研究，卦爻辭作於周初，《易傳》作於春秋戰國間，經傳作者均非一人。他又說，從《易傳》保留不少「子曰」云云的言論，似可說明其作者當屬孔門弟子。（註十八）這個推論是相當合理的。

但是後來有很多學者提出諸多的研究結果，認為卦爻辭的部分有待再考察，至於《易傳》的部分，也認為不盡然是孔子一人所作，據《周易正義》說：《繫辭》曰：

「因而重之，爻在其中矣」是也，然重卦之人諸儒不同，凡有四說：王輔嗣等以爲伏羲畫卦，鄭玄之徒以爲神農重卦，孫盛以爲夏禹重卦，史遷等以爲文王重卦。……」（註十九）

先秦文獻中提到的《周易》又簡稱《易》，《周易》名稱見於《左傳・昭公二十九年》：「《周易》有之在〈乾〉之〈姤〉。」（註廿）《易》的簡稱見於《論語・述而》：「子曰：加我數年，五十以學易，可以無大過。」（註廿一）與《莊子・天運》：「丘治〈詩〉〈書〉〈禮〉〈樂〉〈易〉〈春秋〉。」（註二十二）《呂氏春秋・務本》：「易曰：復自道何其咎，吉。」（註二十三）《呂氏春秋・愼大》：「故易曰：愬愬履虎尾，終吉。」（註二十四）《呂氏春秋・召類》：「〈易〉曰：渙其群，元吉。」（註二十五）

西漢以後，將《易傳》〈十翼〉與《周易》合入並行，就是現今所見到的通行本，其實包括了經與傳兩部分。經與傳的撰作時間相距長達數百年。（註二十六），時代不同、性質不同，創作者也有所不同。

《周易・繫辭傳下》曰：「……上古穴居而野處。後世聖人，易之以宮室，上棟下宇，以待風雨，蓋取諸大壯……上古結繩而治。後世聖人易之以書契，百官以治，萬民以察，蓋取諸夬。」

在上古的生活裏，住的問題已經根據〈雷天大壯〉的卦象體悟出建造遮蔽風雨的房屋的模樣。在記錄的問題已由用結繩記事，進入用書契來記錄，這是根據（澤天夬）的卦象體悟出來的。

《周易．繫辭傳下》曰：「《易》之興也，其於中古乎？作《易》者，其有憂患乎……」

說明《易》之爻卦之辭起於中古，但由於《易》之爻卦之象起於上古伏羲之時，所表達的意思尚不夠周延，所以作《易》者知道有其憂患之處，文王被紂王囚禁，故在獄中演《易》，因此既有憂患，就必須垂法以告示於後，以防憂患之事。

《周易．繫辭傳下》曰：「《易》之興也，其當殷之末世，周之盛德邪；當文王與紂之事邪，是故其辭危。」

《易經》的興起，應當是在殷紂王施行暴虐無道的末期，正好是周文王行仁道蒙難之時期，因此所繫的卦爻辭充滿著危機意識，以及如何轉危爲安之道。

以上就是說明「世歷三古」的概略敘述。

第三節《易經》如何取象

《周易．繫辭傳下》曰：「聖人有以見天下之賾，而擬諸其形容，象其物宜，是固謂之象。」

創作《易經》的聖人看到天下萬事萬物中隱藏著幽深難見的各式各樣的道理，因此想要分門別類地把它表達出來，如用陽爻畫⚊、陰爻畫⚋來表達陰陽對立兩大方面的事物，用乾☰象天、兌☱象澤、離☲象火、震☳象雷、巽☴象風、坎☵象水、艮☶象山、坤☷象地，表達事物不相同的八種性質。更由此衍生出六十四種不同的卦象，由於「象」具有它的靈活性與抽象性，因此一個「象」可以代表許多同類的事與理，所以取象必須依據不同情況去體悟，帶入不同的卦象組合中。

《周易．繫辭傳下》曰：「古者包犧氏之王天下也，仰則觀象於天，俯則觀法於地，觀鳥獸之文與地之宜，近取諸身、遠取諸物，於是始作八卦，以通神明之德，以類萬物之情。」（註二十七）

《周易．繫辭傳上》曰：「……《易》有太極，是生兩極，兩儀生四象，四象生八卦，八卦定吉凶，吉凶生大業。是故法象莫大乎天地，變通莫大乎四時，懸象著明莫大乎日月……。」這一段有如道家老子的宇宙生成論「道生一、一生二、三生萬物」類同。

《周易・說卦傳》曰：「乾健也、坤順也，震動也、巽入也、坎陷也、離麗也、艮止也、兌說也。」（註二十八）（有關說卦的部分不再另註）

這一章主要是在講八卦的情性。乾☰純陽故健，坤☷純陰故順。震☳坎☵艮☶以人而言代表陽卦也，故皆從健。巽☴離☲兌☱以人言代表陰卦也，故皆從順也。情性健則能動，情性順則能入也。所以震爲動，巽爲入也。陽健遇上下皆順，則必陷於中☵坎也。陰順遇上下皆健，則必麗於上下☲離也。陽健窮於上，前無所往，必止於上☶艮也。柔順見於外，情有所發，必悅於外☱兌也。

乾爲馬、坤爲牛、震爲龍、巽爲雞、坎爲豕、離爲雉、艮爲狗、兌爲羊。

馬性剛健，其蹄圓行，所以象乾也。

牛性柔順，其蹄兩坼，所以象坤也。

龍性潛藏，遇陽則奮，震之一陽，動於二陰之下也。

雞性善覓，遇陰則入，巽之一陰，伏於二陽之下也。

豕性剛鹵，陽剛居內也。所以象坎也。
雉羽紋明，陽明居外也。所以象離也。
狗吠止人，陽止於外也。所以象艮也。
羊喜群居，悅形於外也。所以象兌也。
以上就是遠取諸物，以動物取象，較容易體會。

乾為首、坤為腹、震為足、巽為股、坎為耳、離為目、艮為手、兌為口。

人以首為尊頭在上，所以象乾也。
人以腹為容納在虛，所以象坤也。
人以足為動起在下，所以象震也。
人以股為坼連於上，所以象巽也。
人以耳為陷聽於內，所以象坎也。
人以目為明力於外，所以象離也。
人以手為止物於外，所以象艮也。
人以口為悅行於外，所以象兌也。

以上就是近取諸身，以人取象最爲深刻。

乾天也，故稱父。坤地也，故稱乎母。震一索而得男，故謂之長男；巽一索而得女，故謂之長女。坎再索而得男，故謂之中男。離再索而得女，故謂之中女。艮再索而得男，故謂之少男。兌三索而得女，故謂之少女。

六子皆來自乾☰坤☷而生，故稱乾父坤母。索者陰陽之相求也，陽卦陰多，陰卦陽多，凡陽入坤陰而爲男，凡陰入乾中而爲女。

乾之陽爻來交於坤之初而得震，則稱之長男。交於坤之中而得坎，則稱之中男。交於坤之上而得艮，則稱之少男。

坤之陰爻來交於乾之初而得巽，則稱之爲長女。交於乾之中而得離，則稱之中女。交於乾之上而得兌，稱之少女。三男本是坤體，各得乾一陽而成男。陽皆根於陰也。三女本是乾體，各得坤之一陰而成女。陰皆根於陽也。以上是父母六子象之由來。

乾爲天、爲圜、爲君、爲父、爲玉、爲金、爲寒、爲冰、爲大赤、爲良

馬、爲老馬、爲瘠馬、爲駁馬、爲木果。

乾☰畫純陽而至健，稱爲天。天體圜運行不息，稱爲圜。乾統天猶如君臨天下稱爲君。父爲一家之主，稱爲父。純陽不雜，稱爲玉。剛健不變，稱爲金。西北高寒凝成堅冰。後天離位盛陽色極紅，稱爲大赤。剛健之性，稱爲良馬，經年累月，則爲老馬，奔波無息，則爲瘠馬，身色褪變，則爲駁馬。乾道變化有如良馬之變化也。形圓之果生於上，稱爲木果。

坤爲地、爲母、爲布、爲釜、爲吝嗇、爲均、爲子母牛、爲大輿、爲文、爲眾、爲柄；其於地也爲黑。

坤卦☷純陰卦畫象地六斷，萬物皆生於地，猶人皆生於母，稱爲母。陰柔如布。陰虛能容如鍋釜。隱藏而不出，稱爲吝嗇。地生萬物無有善惡，稱爲均。柔順如牛，生生不息，稱爲子母牛。能載萬物，稱爲大輿。在地成形，稱爲文，土寬廣容萬民，稱爲衆。主宰萬物，稱爲柄。土地肥沃色澤黑，陰暗亦爲黑。陽明陰暗也。

震爲雷、爲龍、爲玄黃、爲雲雩、爲大塗、爲長子、爲決躁、爲蒼筤竹、

爲萑葦；其於馬也爲善鳴、爲馵足、爲作足、爲的顙；其於稼也、爲反生；其究爲健、爲蕃鮮。

震卦☳陽動於下像雷，潛藏於陰下像潛龍，天地始交，色如玄黃之兼也，稱爲玄黃。春時生氣廣布，稱爲敷。車動行於大道之上，稱爲大塗。陽動入坤一索得男，稱爲長子。陽剛動於初，稱爲決躁。春天竹嫩其色美也，稱爲蒼筤竹。萑葦，如蘆、荻之類，下根實而上幹虛，如☳震之象。震爲雷爲動，馬好動鳴聲像雷。震居東在左，後左足白色的馬，稱爲馵足。馬能健行，動能健行，動作於足，稱爲作足。馬首喜上下擺動如人扣首，稱爲的顙。植物之始生，戴甲而出，稱爲反生。終究健行不息萬物蕃庶而生鮮，稱爲究爲鮮也。

巽爲木、爲風、爲長女、爲繩直、爲工、爲白、爲長、爲高、爲進退、爲不果、爲臭；其於人也，爲寡髮、爲廣顙、爲多白眼、爲近利、市三倍、其究爲躁卦。

巽☴陰在地如木之初生，無孔不入如風，陰入乾之初一索得女，稱爲長女。木有曲有直，取下量直可爲準繩。木能制器，巧奪工夫。巽風吹拂，潔白無塵。風吹使

木成長。夜月風高，取其風吹高遠。風吹進退不定沒有固定的風向，所以稱爲進退、稱爲不果（果斷也）。風無臭無味，物臭風吹亦臭也；形容人的長相，風吹葉落如人髮稀，必禿頭所以稱爲寡髮、廣顙，風吹躁動如人翻白眼（罵人不識相）稱爲多白眼、又爲勢利眼。木生蕃盛、生生不息，市三倍比喻價値多倍之成長也；風極強所發出之聲躁烈，所以稱爲躁卦。

坎爲水、爲溝瀆、爲隱伏、爲矯輮、爲弓輪；其於人也爲加憂、爲心病、爲耳痛、爲血卦、爲赤；其於馬也，爲美脊、爲亟心、爲下首、爲薄蹄、爲曳；其於輿也，爲多眚、爲通、爲月、爲盜；其於木也，爲堅多心。

坎☵卦畫像水流之形，又像水溝河流無所不通，隱藏潛伏於低窪之地，水流之狀，曲能變直，直能變曲，所謂十年河東，十年河西，故生爲矯輮，水流速度如弓箭之速，如車輪之翻轉，故稱爲弓輪；形容於人之身上，坎陷如人陷入險境，憂心如焚，因憂其險難，造成心理疾病，坎爲勞爲耳過於勞累，稱爲耳痛，坎爲水在人身如血故稱爲血卦。如（水天需）六四：出於血，入於穴。血色赤紅，故爲赤；形容於馬，坎中滿，美脊取陽在中也，亟心，取其陽動在中；馬健行也，水勢流下，象馬低首下視，稱爲下首，巽下斷，故蹄薄不厚，遇陷則止住不前，爲曳止其行也，形容車輿之行，常憂災難之發生，故多眚也。水利流通，水流不滯，坎中滿，月有滿盈，故稱爲月，水行隱伏，有如盜賊之行跡；形容於木也，爲堅多心，取其外柔內剛☵坎象也。

離爲火、爲日、爲電、爲中女、爲甲胄、爲戈兵；其於人也；爲大腹、爲乾卦、爲鼈、爲蟹、爲蠃、爲蚌、爲龜；其於木也，爲科上槁。

離☲象火，內暗外明，太陽象火，日爲火精也，火力可發電，離再索而得女，故稱爲中女，甲胄、戈兵均取其陽剛在外抵禦外侮；形容於人，離中虛，虛能容物，有容乃大如大腹（大肚子），離爲火，去其潮溼，故稱乾卦，爲鼈、爲蟹；龜、蠃、蚌皆取其外殼剛硬就如☲離卦之象。形容於木也，離中虛，空心之木必枯槁，故稱爲科上槁。

艮爲山、爲徑路、爲小石、爲門闕、爲果瓜蓏、爲閽寺、爲指、爲狗、爲鼠、爲黔喙之屬；其於木也，爲堅多節。

艮☶象山，卦畫象形也，山路崎嶇又小，故稱爲徑路，山澗的水道，小石很多，故稱爲小石。山門崇高，艮止於上，非請莫入，木實爲果，草實爲蓏，取其山中盛產之物，手指能止物，狗能看門止人，老鼠以剛牙咬物，鳥類，剛在嘴，大都黑色，以喙止物，山中之動物皆取其止物之象；形容於木頭之上，則是堅硬而多節，如竹子、甘蔗等。

兌爲澤、爲少女、爲巫、爲口舌、爲毀折、爲附決；其於地也爲剛鹵、爲妾、爲羊。

兌卦☱上有缺口注入水成爲澤，三索坤而成少女，巫之象形爲兩少女跳舞娛神之意。兌上缺，滔滔不絕，言多必失，故稱爲口舌。兌正秋，西方屬金肅殺之氣，故稱爲毀折有毀滅折斷之象，䷪澤天夬，有陽決於陰之象，故稱爲附決也；形容於大地，兌爲澤；水澤所聚其地必鹼，故稱爲剛鹵；䷵歸妹，無媒自嫁有如妾，䷡雷天大壯，六五：「喪羊於易，無咎」。取其兌羊之象。

以上將乾、兌、離、震、巽、坎、艮、坤八卦盡其所能的根據「象」加以解釋。

六十四卦是從八卦相盪而成，乾象天、坤象地、離象火、坎象水、震象雷、巽象風、艮象山、兌象澤，這是三畫卦取象，若將六畫卦再延伸，則象意就更豐富了，涵蓋面也比較廣闊。以下就取象而言分成六部分：

《周易・繫辭傳下》：「古者包犧氏之王天下也。仰則觀象於天，俯則觀法於地，觀鳥獸之文，擇地之宜，近取諸身，遠取諸物，於是始作八卦，以通神明之德，以類萬物之情。」

1. 仰則觀象於天：天文則表現在日、月、星、斗、雲、雨、晝、夜、寒、暑、風、霜、雷、電等。

例如：

【豐】卦：亨。王假之，勿憂，宜日中。

【中孚】卦：六四：月幾望，馬匹亡。無咎。

【睽】卦：上九：睽孤。見豕負塗，載鬼一車，先張之弧，後說之弧，匪寇，婚媾。往遇雨則吉。

【豐】卦：九四：豐其蔀，日中見斗，遇其夷主。吉。

【小畜】卦：亨。密雲不雨，自我西郊。

【晉】卦：康侯用錫馬蕃庶，晝日三接。

【夬】卦：九二：惕號，莫夜有戎。勿恤。

【離】卦：彖傳曰：離。麗也。日月麗乎天，百穀草木，麗乎土。

【坤】卦：初六：履霜，堅冰至。

寒、暑交替，雷、電交加，以上都是取自天象的卦、爻辭。

2. **俯則觀法於地**：地理則出現在山、川、丘、陵、陸、瀆、水、淵、澤、井、泉、磐、石、沙、泥。

例如：

【升】卦：六四：王用亨于岐山。吉，無咎。

【需】卦：有孚。光亨。貞吉，利涉大川。

【賁】卦：六五：賁於丘園，束帛戔戔。吝，終吉。

【震】卦：六二：震來厲，億喪貝。躋於九陵，勿逐，七日得。

【漸】卦：六二：鴻漸於磐，飲食衎衎。吉。

上九：鴻漸於陸，其羽可用爲儀。吉。

【蒙】卦：亨。匪我求童蒙，童蒙求我，初筮告再三瀆，瀆則不告，利貞。

【困】卦：初六：臀困於株木，入於幽谷，三歲不覿。

【井】卦：九五：井冽，寒泉食。

【豫】卦：六二：介於石，不終日。貞吉。

【乾】卦：九四：或躍在淵，無咎。

【需】卦：九二：需於沙。小有言，終吉。

九三：需於泥，致寇至。

以上是從地理取象而來的卦、爻辭。

3. **觀鳥獸之文**：鳥獸則有龍、虎、馬、豹、鹿、羊、牛、豬、雉、鶴、龜、雞、蛇、鼠、魚等。

例如：

【乾】卦：九五：飛龍在天。利見大人。

【履】卦：履虎尾，不咥人。亨。

【井】卦：六二：井谷射鮒，甕敝漏。

【革】卦：上六：君子豹變，小人革面。征凶，居貞吉。

【屯】卦：六三：即鹿無虞，惟入於林中。君子幾，不如舍，往吝。

【大壯】卦：六五：喪羊於易。無悔。

【旅】卦：上九：鳥焚其巢，旅人先笑後號咷，喪牛於易。凶。

【睽】卦：上九：睽孤。見豚負塗，載鬼一車，先張之弧，後說之弧，匪寇，婚媾。往遇雨則吉。

【晉】卦：康侯用錫馬蕃庶，晝日三接。

【大畜】卦：九三：良馬逐。利艱貞。日閑輿衛，利有攸往。

【旅】卦：六五：射雉一矢亡，終以譽命。

【中孚】卦：九二：鳴鶴在陰，其子和之。我有好爵，吾與爾靡之。

初九：虞吉有它不燕。

【晉】卦：九四：晉如鼫鼠。貞厲。

【姤】卦：九二：包有魚，無咎。不利賓。

以上是觀鳥獸之文取象於卦、爻辭上。

4.擇地之宜：因地制宜則有百穀、草木、丘園、苞桑、杞、瓜、株木、蒺藜、葛藟等。

例如：

【離】卦：彖傳曰：離。麗也。日月麗乎天，百穀草木，麗乎土。

【否】卦：九五：休否。大人吉。其亡。其亡，繫於苞桑。

【姤】卦：九五：以杞包瓜，含章，有隕自天。

【困】卦：六三：困於石，據於蒺蔾，入于其宮，不見其妻。凶。

初六：臀困於株木，入於幽谷，三歲不覿。

以上是由地之所生，取象於卦、爻辭之上。

5. **近取諸身**：身體有尾、足、趾、拇、腓、股、心、脢、輔頰舌、耳、口、鼻、目、背、肱。人物地位有君子、小人、君臣、父母、兄弟、夫婦、妻妾、帝王、聖賢、大人、丈人、宗族、朋友。性情表現有和氣、喜慶、怒、哀、樂、驚、號咷、大笑、或歌、或泣、或亂。法律則表現在刑獄、桎梏、賞罰。禮節則表現在禮、樂、祭祀、婚媾等等。

例如：

【遯】初六：遯尾。厲，勿用有攸往。

【鼎】九四：鼎折足，覆公餗，其形渥。凶。

【艮】艮其背不獲其身，行其庭不見其人。無咎。

初六：艮其趾。無咎，利永貞。

六二：艮其腓。不拯其隨，其心不快。

九三：艮其限，列其夤。厲薰心。

【咸】初六：咸其拇。

九三：咸其股，執其隨。往吝。

九五：咸其脢，無悔。

上六：咸其輔頰舌。

【噬嗑】亨。利用獄。

六二：噬膚滅鼻。無咎。

上九：何校滅耳。凶。

【豐】亨。王假之，勿憂，宜日中。

九三：豐其沛，日中見沬，折其右肱。無咎。

六五：來章，有慶譽。吉。

【震】亨。震來虩虩，笑言啞啞。震驚百里，不喪匕鬯。

【萃】初六：有孚不終，乃亂乃萃，若號一握爲笑。勿恤，往無咎。

上六：齎咨涕洟。無咎。

【升】元亨，用見大人，勿恤，南征吉。

【剝】上九：碩果不食。君子得輿，小人剝廬。

【否】六二：包承。小人吉。大人否亨。

【蒙】九二：包蒙。吉。納婦吉，子克家。

【屯】六二：屯如，邅如，乘馬班如。匪寇婚媾。女子貞不字，十年乃字。

【困】六三：困於石，據於蒺藜，入於其宮，不見其妻。凶。

　六五：劓刖，困於赤紱，乃徐有說。利用祭祀。

【蒙】初六：發蒙。利用刑人，用說桎梏。以往吝。

以上是列舉近取諸身等於卦爻辭之上。

6. 遠取諸物：有黃裳、括囊、朱服、赤服、床辨、几、瓶、甕、金柅、金車、矢、鼎、簪、衣袽等。

例如：

【坤】六四：括囊。無咎。無譽。

　六五：黃裳元吉。

【困】六二：困於酒食，朱紱方來。利用亨祀，征凶，無咎。

六四：來徐徐，困於金車。吝有終。

六五：劓刖，困於赤紱，乃徐有說。利用祭祀。

【井】改邑不改井，無喪無得。往來井井，汔至，亦未繘井，羸其瓶。凶。

六二：井谷射鮒，甕敝漏。

【剝】六二：剝床以辨。篾貞，凶。

上九：碩果不食。君子得輿，小人剝廬。

【豫】九四：由豫。大有得。勿疑，朋盍簪。

【既濟】六四：繻有衣袽，終日戒。

以上是列舉遠取諸物於卦、爻辭之上。

從伏羲畫卦，文王、周公重卦繫爻，戰國之善易者和孔子門下，輔以《易傳》（十翼），與《易經》套成一本書，號稱群經之首。除了從以上六點取象之外，還要包括萬有物質的剛柔性，色系有黃、赤、黑、白、朱，形狀有直、方、大、長、短、圓、曲。但這些尚無法納盡於整個《易經》裏。（以上舉例卦爻辭請參閱《十三經注疏・周易》不另加註）

《周易・繫辭傳下》：「《易》之爲書也不可遠，爲道也屢遷，變動不居，周流六虛，上下無常，剛柔相易，不可爲典要，唯變所適。……」

以上的繫辭是在解釋整個《易經》的架構與取象的廣義，筆者試譯如下：《易經》這一部書，要時常保持密切的連繫不可以疏遠它，因爲它太重要了。它的道理是變動不停止的。每一卦均有六個爻空虛以待，等待著變動，剛與柔爻在六虛中升降往來，或自上而降下，或自下而升上，上下並沒有一定，所以不可爲典要，也就是不可具體化與公式化，因爲它「唯變所適」，一切要配合變化而適時適切的調整，才不失《易經》的本質。

今人所說的《易經》包含了上、下經的卦爻辭和《彖》、《象》、《文言》、《說卦》、《序卦》、《雜卦》和《繫辭》等「十翼」。《易經》既然蘊含了豐富的思想，因此它不可能成於一時，也不可能成於一人之手。《繫辭傳》所說的「古者包犧氏之王天下也，仰則觀象於天，俯則觀法於地，觀鳥獸之文，與地之宜，近取諸身，遠取諸物，於是始作八卦，以通神明之德，以類萬物之情。」這一段話只是後人假託聖人之詞。漢人又說：十翼作於孔子，這些都與事實不符。今日學者研究的結果，普遍認爲卦爻辭作於周武王之後（註：屈萬里《易卦源於龜卜考》頁43，收於張善文編《周易研究論文》，北京師範大學出版社，一九八八年）十翼成書的年代在春

秋戰國時代，《繫辭傳》的部分內容甚至晚到西漢初年。（註：王振復認為《易傳》成書年代上限，定在戰國初期，下限定在戰國晚期，見氏著《巫術：周易的文化智慧》，頁46～47。顧頡剛認為《繫辭傳》作於西漢初，見〈周易卦爻辭中的故事〉一文，收於《周易研究論文集》第四輯，頁1～23。）

第四節《易經》與甲骨文的關聯性

殷墟甲骨文是從一九八九年出土的文物，而得到學術界的鑑定的，隨後海內外有許多學者從事研究，逐漸形成了古文字學的一個重要分支，即甲骨學。（註二十九）

從甲骨文中發現的數字，就是用來象徵陰爻與陽爻的卦畫概念，因此可以證明，陰、陽爻卦畫的前身是數字卦。我們可藉由下列的圖表一一對照它的關連性。（註三十）

表列共有三十組數字卦，三畫卦的有八組，其中第二十一組無法辨別，六畫卦的有22組，其中第二十六人組亦無法辨別。僅就可以辨別的數字卦做一些簡單的探究如下：

第一組只有三數都是六，六是偶數，所以以三個陰爻排列而成䷁（坤卦）。

第二組的排列由下而上是七七六六八七，以七爲奇數，爲陽，六、八偶數爲陰，結果組合成䷨（損卦）。

第三組的排列由下而上是一七六七六六，以一、七爲奇數爲陽，六、八偶數爲陰，結果組合成䷵（歸妹卦）。

第四組的排列由下而上是八一八七六六，以一、七爲奇數爲陽，六、八偶數爲陰，結果組合成䷧（解卦）。

第七組的排列由下而上是一七八六七五，以一、五、七爲奇數爲陽，六、八偶數爲陰，結果組合成䷺（渙卦）。

以上僅就五組不同奇偶數的組合排列來列舉，餘則倣此原則排列。依當時自然數的寫法爲：一、二、三、亖、×、乀、十、八、乂、十。占卜時，則將每次所得數字由下往上循序刻寫。

這些數字的組合僅出現了一、五、六、七、八等五個數，依序「一」出現三十一次，「六」出現六十二次最多，「七」出現二十九次，「八」出現二十七次，「五」出現十次最少。

由以上這一些統計資料的發現，再來與《易傳》的大衍天地之數來比對，可以證明這是演化的過程，所以甲骨文對研究《易學》是有很大的啓示作用。

《連山》《歸藏》的筮數方式與「數字卦」問題

1.「數字卦」的特點

在對於夏殷二易的取象特點大體明白之後，就可以進一步探索二易的蓍數方式了。為此，又須對數字卦問題有所了解。

先看看下列幾組從考古發掘中所得到的所謂「數字卦」。

表Ⅲ－Ⅳ－Ⅰ

序次	時代	器物	文字與符號	卦形	出土地點	著　錄
1	晚商	甲骨	上甲六六六 田∧∧∧	☷		殷墟文字外編四四八
2	晚商	陶毀	七八六六七七 十八∧∧十十	䷨	安陽殷墟	《考古》一九六一年二期六十三頁
3	晚商	陶毀	六六七六七一 ∧∧十∧十一	䷵	安陽殷墟	《考古》一九六一年二期六十三頁
4	晚商	陶毀	六六七八一八 ∧∧十八一八	䷧	安陽殷墟	《考古》一九六一年二期六十三頁

5	商末	卣	一八八六一一 一八八八一一	䷨	山東平陽朱家橋九號墓	《考古》一九六一年二期九十三頁
6	商末	陶範(陽面)	一七六七八六 一十八十八八	䷓	傳出土於安陽小屯	鄧中片羽二上四十七
7	商末	陶範(陽面)	五七六八七一 五十八八十一	䷼	傳出土於安陽小屯	鄧中片羽二上四十七
8	商末	甲骨	七八七六七六日魁 十八十八十八[illegible]八	䷿	河南安陽四盤磨	《一九五〇年春殷墟發掘報告》《中國考古學報》第五冊圖片版肆壹。
9	商末	甲骨	八六六五八七 八八五八十	䷣	河南安陽四盤磨	《一九五〇年春殷墟發掘報告》《中國考古學報》第五冊圖片版肆壹。

10	商末	甲骨	七五七六六六日魁 十×十︿︿︿[illegible]	䷋	河南安陽四盤磨	《一九五〇年春殷墟發掘報告》《中國考古學報》第五冊圖片版肆壹。
11	商末周初	父戊卣	六六六 ︿︿︿ 卣父戊	☷		錄遺二五三
12	商末至周　初	一百七十七號卜甲	七六八六七六 十︿八︿十︿	䷃	風雛村一號窖穴	《陝西岐山風雛村發現周初甲骨文》《文物》一九七九年十期
13	商末至周　初	七號卜甲	八七八七八五 八十八十八×	䷾	陝西岐山風雛村甲組宮殿房基二號西廂房十一號窖穴	《陝西岐山風雛村發現周初甲骨文》《文物》一九七九年十期
14		八十一號卜甲	七六六七六六 十︿︿十︿︿	䷳	陝西岐山風雛村甲組宮殿房基二號西廂房十一號窖穴	《卦畫探源——周原出土甲骨上卦畫初探》徐錫台、樓宇棟考古學會成立大會論文

15		八十五號卜甲	七六六七一八日 其人王既魚 十∧∧十一八日	䷎		
16	周初	甲骨	六八一一六一 ∧八一一∧一	䷏	陝西長安張家坡	《長安張家坡村西周遺址出土的甲骨》，《文物參考資料》一九五六年第三期
17			五一一六八一 ×一一∧八一	䷅	陝西長安張家坡	《長安張家坡村西周遺址出土的甲骨》，《文物參考資料》一九五六年第三期
18	周初	甲骨	一一六一一一 一∧一一	䷉	張家坡西周遺址	《灃西發掘報告》111 頁圖七
19	周初	甲骨	六六八一一六 ∧∧八一一∧	䷢	陝西西安丰鎬遺址	《古甲骨金文中所見的一種已經遺失的中國古代文字》唐蘭《考古學報》一九五七年二期

20	周初	甲骨	一六六六六一 一∧∧∧∧一	䷚	陝西西安丰鎬遺址	《古甲骨金文中所見的一種已經遺失的中國古代文字》唐蘭《考古學報》一九五七年二期
21	周初	骨鏃	五一口 ×一口	= ?	張家坡西周遺址	《灃西發掘報告》九十二頁圖六○
22	周初	骨鏃	一六一 一∧一	☲	張家坡西周遺址	《灃西發掘報告》九十二頁圖六○
23	周初	召卣	一一六八一六[illegible] 一一∧八一∧[illegible]	䷺	張家坡西周遺址	三代十二，四十五，通考圖六一三
24	周初	效父毀	休王錫效父○○三，用作厥室隮 五八六 ×八∧ 彝	☶		三代六、四十六，古銅精華一○六

25	周初	盤	八一六 八一∧	☷		續般存下七十四
26	周初	鼎	八八六八口口 八八∧八口口	☷ ？？		續般存上七
27	周初	中方鼎	隹十又三月庚寅，王在寒次王令大史兄福土。王曰：「中，茲福人入史，易於武王乍臣。今兄卑女福土乍乃采」，中對王休令，鼎父乙障，隹臣尚中臣。 八七六六六六 七八六六六六 八十∧∧∧∧ 十八∧∧∧∧	䷖ ䷁	傳湖北麻城出土	嘯堂十，博古二，十七
28	周初	董伯毀	董伯作旅障彝 八五一 ∧ㄨ一	☶	三代六、三十九	

29	周初	史𠂤父鼎	史𠂤父作寶隮彝貞 七五八 十×八	☴		三代三十八
30	周初	召仲卣	七五六六六七召仲 十×∧∧∧ 十[illegible]中	䷩		西清十五、三十三（此器容庚先生疑僞）

以上表列三十組數字，取材自張並初、劉雨合撰《從商周八卦數字符號談筮法的幾個問題》一文。三十組數字都呈現六個數一組或三個數一組，與八卦的重卦及單卦的爻數相當，如果按奇數爲一爻；⚋爻加以轉換，每一組數便可以轉化爲一個重卦或八個單卦。總體來說，將上述類似的三十組數字都看成是數字卦，是較爲可信的，大體上已得到學界的公認，剩下來的是還有一些重大的問題有待說明：

第一、商、周之際，爲什麼只發現這一些數字卦，而沒發現典型的八卦符號？爲什麼當時人記錄筮占結果，只用數字而不用⚊（陽）、⚋（陰）符號？

第二、由於三十組數字只有1、5、6、7、8，五個數字，沒有2、3、4、9、10等，尤其是不用9，這與《周易》顯著矛盾，當時的數字卦爲什麼不用這些數字？

第三、這些數字是怎樣得來的，即當時的蓍數之法究竟如何？

第四、這些數符究竟是怎樣轉化爲卦符的，是不是像通常設想的那樣，以奇數爲⚊爻，以偶數爲⚋爻，而別無其他意義？

這四個問題中，目前比較接近於解決的是第二個問題，即是這些數符中爲什麼沒有2、3、4、9、10等數的問題。

假如我們上引三十個數字卦中所用數字若按1～9加以統計，可得其出情況如下表：

數字	一	二	三	四	五	六	七	八	九
出現次數	31	0	0	0	10	62	29	27	0

張政烺在〈古代筮法和文王演周易〉一文中指出甲骨上出現的數字都是「筮數」。這些筮數組群，加以分析，可列表如下：

筮數	一	二	三	四	五	六	七	八	九
次數	36	0	0	0	11	64	33	24	0

（註卅一）比較這兩個表，我們會發現幾個有趣的現象：㈠、數字「六」出現的次數最多，其次是「一」。㈡、按照出現次數來排序的話，分別是「六」、「一」、「七」、「八」、「五」。㈢、如以奇偶來比較，則奇數出現的次數，約略和偶數相等。爲何數字「六」和「一」出現的次數多，王振復的解釋說：凡數圖形卦，採用橫書方式，「一」寫作「━」，「二」寫作「＝」，「三」寫作「☰」，「四」寫作「≣」，不易分辨，所以筮者當機立斷，把「二」、「四」，寫爲六，「三」寫爲「一」。（註卅二）他的推斷十分合理。

數字卦是一種筮占。筮占的來源甚早，是一種數字占而與甲卜骨卜並用。《周易》是筮占專書，〈易〉卦所見的故事也大半爲周人故實。（註卅三）

第三章

《易經》的體用

第三章 《易經》的體用

卜筮文化由來已久，在原始的氏族和部落社會中就已發展出來。它根源於先民對於大自然的畏懼與崇拜，也根源於先民企圖預知未來的命運。

古代職掌卜筮的人就是巫覡（男曰覡，女曰巫），他們是人與神之間的媒介。商人信鬼，巫風較周人爲盛。至於楚人，則巫風更盛，有大巫和小巫之分。（註三十四）周代的官有太卜、太祝、太醫，楚國則巫師也是醫。卜筮二者，楚人重卜輕筮，這與諸夏相同。不同者，卜在楚國應用範圍較大。

古人用來卜筮的材料繁多，主要的有蓍草、龜甲、牛骨和動物的內臟。古人也觀察天象以及鳥的飛行來預測吉凶。關乎此，朱天順《中國古代宗教初探》一書有很詳細的論述。

占卜文化雖然殷商時朝達到顚峰狀態，但是中國發現的年代最早的卜骨是仰韶文化晚期的淅川下王崗遺址，其次是龍山文化城子崖遺址，用的是牛或鹿的肩胛骨，上面有示兆的裂紋，大約是燒灼的方法造成的。（註三十五）

在古書上，卜筮經常連用，例如《尚書・弘範》所云「謀及卜筮」。商人重卜，周人重筮。（註三十六）商周的文化有其延續性，《易經》就是在占卜的基礎之上發展出來的。易言之，從商代以來的卜筮文化，經過聖人的雅化和人文化，而形成了今日流傳的《易經》。《易經》不是成於一人之手，也不是成於一時，而是長久延續發展出來的。它成書的時間有很多種解釋，較可靠的說法是它成書於西周末年。（註三十七）

第一節　古代的卜筮實例探討

1.卜以決疑，不疑何卜？

桓公十一年，楚屈瑕將盟貳、軫，鄖人軍於蒲騷，將與隨、絞、州、蓼伐楚師，莫敖患之。鬥廉曰：「鄖人軍其郊，必不誡，且日虞四邑之至也，君次於郊郢，以禦四邑，我以銳師宵加於邑，鄖有虞心而恃其城，莫有鬥志，若敗鄖師，四邑必離。」莫敖曰：「盍請濟師於王？」對曰：「師克在和，不在衆，商周之不敵，君之所聞也。成軍起出，又何濟焉？」莫敖曰：「卜之。」對曰：「卜以決疑，不疑何卜？」遂敗鄖師於蒲騷，卒盟而還。（註三十八）

以上這一段對話，主要的目的在於兩兵交戰的大原則，在於部隊的協調，不在於人數的衆多，從殷紂王和周武王的例子就可證明了。占卜是用來決疑的，既然沒有疑惑，又何必多此一舉來占卜呢？這樣的對話在《易經》的〈革・九五〉爻：「大人虎變，未占有孚」。可以做爲一個明證。

2.卜嫁女兒，五世其昌

莊公二十二年初，懿氏卜妻敬仲，其妻占之，曰「吉，是謂鳳凰于飛，和鳴鏘鏘，有嬀之後，將育於姜，五世其昌，并於正卿，八世之後，莫之與京。」陳厲公、蔡出也，故蔡人殺五父而立之，生敬仲。其少也，周史有以周易見陳侯者，陳侯使筮之。遇觀之否。曰：「是謂觀國之光，利用賓于王，此其代陳有國乎？不在此，其在異國，非此其身，在其子孫，光遠而自他有耀者也。坤、土也，巽、風也，乾、天也，風爲天於土上，山也；有山之材，而照之以天光，於是乎居土上，故曰：『觀國之光，利用賓於王。』庭實旅百，奉以玉帛，天地之美具焉，故曰「利用賓于王。』猶有觀焉，故曰：『其在後乎！』風行而著於土，故曰：『其在異國乎！』若在異國，必姜姓也。姜、大嶽之後也，山嶽則配天，物莫能兩大，陳衰，此其昌乎？」及陳之初亡也，陳桓子始大於齊，其後亡也，成子得政。（註三十九）

以上這一則實例是對許配的對象所做的占卜，得到了〈觀卦〉䷓動六四爻，變成〈否卦〉䷋。〈觀・六四〉：觀國之光，利用賓於王。這是直接以動爻來解釋，而獲得應證的一個實例，以當時的背景所做的一種論斷與推測，若用在現代的環境，斷法就必須有所調整，僅能解釋爲，是一個接近君位的一個優秀青年，是部長級的人物，當然是可以許配的對象。

3.卜孕生產，男謂季友

閔公二年，成季之將生也，桓公使卜，楚丘之父卜之，曰：「男也，其名曰友，在公之右，間於兩社，爲公室輔，季氏亡，則魯不昌。」又筮之，遇大有之乾，曰：「同復於父，敬如君所。」及生，有文在其手，曰友，遂以命之。（註四十）

這一則實例總共卜了兩次，第一次的結果是男的連名字也出現了，第二次也預知到手上有一個文字，將來的地位和父親一樣如國君般的崇高。

在《周易》出現「友」這一個字的只有〈損卦〉䷨六三：「三人行則損一人，一人行則得其『友』。」莫非是卜到這卦六三爻的啓示。不然就是由《連山易》或《歸藏易》而來。第二次再卜的是〈大有〉䷍動六五爻變〈乾〉。這一爻辭：厥孚交如，威如。吉。就比較吻合以上的論斷。

4. 冒瀆神明，自食惡果

僖公四年初，晉獻公欲以驪姬為夫人，卜之不吉；筮之吉，公曰：「從筮。」卜人曰：「筮短、龜長，不如從長。且其爻曰：『專之渝，攘公之羭，一薰一蕕，十年尚猶有臭，必不可。』」弗聽，立之。生奚齊。其娣生卓子。及將立奚齊，既與中大夫成謀。姬謂太子曰：「君夢齊姜，必速祭之。」太子祭於曲沃，歸胙於公。公田。姬寘諸宮，六日，公至，毒而獻之。公祭之地，地墳。與犬，犬斃。與小臣，小臣亦斃。姬泣曰：「賊由太子。」（註四十一）

這一則駭人聽聞的實例，是值得借鏡的，被愛慾沖昏了頭，說什麼也聽不進去，因此才會造成如此血腥殘忍的後果。在〈蒙卦〉的卦辭說得很清楚，「蒙，亨，匪我求童蒙，童蒙求我。初筮告，再三瀆，瀆則不告，利貞。」也就是說既然有心要求釋疑，一開始就告訴了很明白，就不可再問，這個原則是不容改變的。

至於用卜或用筮其實只要心存誠敬之心，其結果都是一樣的。沒有什麼誰比較準確的問題，這是自欺欺人的說法。

爻辭：「專之渝，攘公之羭，一薰一蕕，十年猶有臭，必不可。」不知是出自何處，其義尚有待發掘。

5.誠信不足，攻之必勝

魯僖公十五年，晉饑，秦輸之粟，秦饑，晉閉之糴，故秦伯伐晉。卜徒父筮之，吉。涉河，侯車敗，詰之。對曰：「乃大吉也，三敗必獲晉君。及卦遇蠱，曰『千乘三去，三去之餘，獲其雄狐。』夫狐蠱，必其君也。蠱之貞，風也。其悔，山也歲云秋矣，我落其實，而取其材，所以克也，實落材亡，不敗何待。」三敗及韓。（註四十二）

這一則實例，在出發點上已經站得住腳，由於遭受到不公平的待遇，所做的必然性的反應，再透過占筮的結果更加強信心，期可獲勝。從〈蠱卦〉卦辭之蠱。「元亨。利涉大川。先甲三日，後甲三日」。彖辭：「蠱，剛上而柔下，巽而止。蠱。元亨，而天下治也，利涉大川，往有事也。先甲三日，後甲三日。終則有始，天行也。」

因此知道這是替天行道的一種正義行爲，至於筮例的卦爻辭尚無從考究從何而來。但從「蠱之貞，風也。其悔山也。」再依據占例六爻不變以卦象占，內卦爲貞，外卦爲悔來判斷，就可以理解爲秋風掃落葉，用自然的想像力來配合卜辭，當然是很高明的推斷。

6. 未卜先知，生龍鳳胎

僖公十七年夏，晉太子圉爲質於秦，秦歸河東，而妻之，惠公之在梁也，梁伯妻之，梁嬴孕過期，卜招父與其子卜之。其子曰：「將生一男一女。」招曰：「然。男爲人臣，女爲人妾。」故明男曰圉，女曰妾，及子圉西質，妾爲宦女焉。（註四十三）

這一則占例能斷定雙胞胎又一男一女，在卦爻辭是沒有發現，但在《卜筮正宗》上卷六，〈產育篇〉有云：「如無福德，莫究胎爻，雙胎雙福必雙生，一剋一刑終一夢。」（註四十四）

占產育用神是子孫，卦有兩重子孫爻，又有兩重胎爻，若不發動亦主雙生，若子動又見胎化胎，陰陽動靜，可知男女，一動一靜，一陰一陽，主一男一女。用神旺相，將來必爲可造之材。但由於醫學發達，直接照超音波又快又準，這基於學術研究可以實驗。

7. 效忠天子，威服諸侯

僖公二十五年，秦伯師於河上，將納王。狐偃言於晉侯曰：「求諸侯莫如勤王，諸侯信之，且大義也。繼文之業，而信宜於諸侯今爲可矣？」使卜偃卜之，曰：

「吉，遇黃帝戰於阪泉之兆。」公曰：「吾不堪也。」對曰：「周禮未改，今之王，古之帝也。」公曰：「筮之。」遇大有之睽，曰：「吉。遇公用享於天子之卦，戰克而王饗，吉孰大焉？且是卦也，天爲澤以當日，天下降心以逆公，不亦可乎？大有去睽而復，亦其所也。」晉侯辭秦師而下。三月，甲辰，次於陽樊。右師圍溫，左師逆王。（註四十五）

這一則實例有用龜卜所得的結果是一個吉卦，龜兆是遇見黃帝大戰於阪泉。但晉文公無法接受建言，又占一卦，筮占的結果是〈大有〉動九三爻變〈火澤睽〉，只動一爻所以用九三：「公用享於天子。小人弗克。」來推斷表示這並非一般小人所能做的，而且結果變〈火澤睽〉表示上天用水澤來擋日，天子放下身段來迎接，這不是很好嗎？

由於晉文公接受占筮的結果，並且按照指示去效忠周天子，終在各諸侯間建立威信。

8. 賄賂史官，假占卜辭

僖公二十八年丁丑，諸侯圍許，晉侯有疾，曹伯之豎侯孺貨筮史，使曰：「以曹爲解，齊桓公爲會，而封異姓，今君爲會，而滅同姓，曹叔振鐸，文之昭也，先君唐

叔，武之穆也。且合諸侯而滅兄弟，非禮也。與衛偕命，而不與偕復，非信也；同罪異罰，非刑也。禮以行義，信以守禮，刑以正邪，舍此三者，君將若之何？」公說，復曹伯，遂會諸侯於許。（註四十六）

這一則實例並沒有提示是用何工具所做的占卜，但值得探討的是曹伯為了恢復君位所做的不得已的措施是情有可原，並且可讓晉文公遵守信義，這是雙贏的結果，可見當時的占卜史官的地位是如何的崇高，若當今的政治領導者也能參考一下專業建言，不特一意孤行，這將是人民之福祉。

9. 卜遷都以民為利，賢君知命

文公十三年，邾文公卜遷於繹，史曰：「利於民，而不利於君。」邾子曰：「苟利於民，孤之利也！天生民，而樹之君，以利之也。民既利矣！孤必與焉。」左右曰：「命可長也，君何弗為？」邾子曰：「命在養民，死之短長，時也，民苟利矣，遷也，吉莫如之！」遂遷於繹，五月，邾文公卒。君子曰：「知命。」（註四十七）

這一則實例是邾文公卜遷都得到的結果是有利於人民，卻不利於君子。有如〈否・六二〉：包承。小人吉，大人否亨。〈益・彖辭〉益：損上益下，民說無疆。明知不利於君子之占，但以百姓的幸福為依歸，亦在所不惜，《易經・繫辭傳下》有云：「吉凶者，貞勝者也。」也就是惟正而勝，勿論吉凶，爲所當爲的一個典範，有時能知天命就能做到老子《道德經》所云：「不亡者壽。」精神不滅，肉體只是短暫。

10.占彼壽元，殃及命龜

文公十八年，春，齊侯戒師期，而有疾，醫曰：「不及秋將死。」公聞之，卜曰：「尚無及期。」惠伯令龜，卜楚丘占之曰：「齊侯不及期也。君亦不聞，令龜有咎。」二月丁丑。公薨。（註四十八）

這一則實例是魯文公與齊懿公未即交戰就已身亡，並殃及龜人的史例。首先是用筮卜，希望齊懿公比預期的早死。後來又命卜楚丘用龜卜，得知齊侯不久人世，晉文公甚至難逃厄運，連命龜卜的人亦有凶咎。

雖然不知道此例是從何卦而來，但可將之比擬〈小過．九三〉「弗過防之，從或戕之。凶。」所謂人命關天，是否不可預告他人之死期，莫非出自惡意，有預設立場的後果，值得借鏡。

11.卜世三十，卜年七百

宣公三年。商紂暴虐，鼎遷於周。德之休朋，雖小，重也；其姦回昏亂，雖大，輕也。天祚明德，有所底止。成王定鼎於郟鄏，卜世三十，卜年七百，天所命也。周德雖衰，天命未改。鼎之輕重，未可問也！（註四十九）

這一則實例，雖無法了解它用什麼樣的公式卜出的結果，但一個很重要的是天命中的定數，以及只要君主能修明政治，九鼎雖然很小，卻能顯得很重，他人無法輕易奪取；反之假如君主昏亂，即使九鼎再大，看起來似乎很輕，很容易就會失去。

〈鼎・初六〉：鼎顛趾。利出否。得妾以其子。無咎。

小象：鼎顛趾。未悖也。利出否。以從貴也。

周鼎來象徵權力的象徵，是最好不過，但鼎要時時保新，一旦腐化，就如初六的爻辭，很容易被推翻，這是需要時時戒懼的。如同一個單位的小主管，若不長進，隨時要做被革除的準備。

12. 占行不吉，哀兵脫困

宣公十二年，春，楚子圍鄭，旬有七日，鄭人卜行成，不吉；卜臨於大宮，且巷出車，吉，國人大臨，守陴者皆哭。楚人退師，鄭人修城，進復圍之。（註五十）

這一則實例是最適合現代的執行者使用，沒有任何一件事情都能很順利進行的。所謂山不轉路轉，適時的調整是避免陷入困境而無法自拔的最佳捷徑。

〈困・九四〉：來徐徐。困於金車。吝。有終

在《周易》的爻辭出現金車的唯有此爻，先吝，而後有結果，所謂困而通，是指因困而致道通，就是如斯也。

13.卜郊不從，錯失良機

襄公七年，夏，四月，三卜郊不從，乃免牲。孟獻子曰：「吾乃今而後知有十筮。夫郊祀後稷，以祈農事也，是故啓蟄而郊，郊而後耕，今既耕而卜郊瑘其不從也。」（註五十一）

這一則實例是爲了禱告農事祭天所做的卜筮，經過三筮都不允許，問題是出在於錯失良機，因爲古時必須祭天以後才能正式開始種田，而現在既然已經種了田，然後才想到占卜祭天的，所以始終占卜不從。

〈比卦〉卦辭：「比，吉。原筮元永貞。無咎。不寧方來。後夫凶。」〈比・上六〉：「比之無首。凶。」

與人親比，在時機上的掌握是相當的重要，一開始就要下定決心，不可等到發覺情況不妙，才想與人親近，此時已來不及了。就好像一開始沒有先祭天禱告農作物生長順利，等受到病蟲害入侵才想到要祭天，爲時已晚，愛莫能助。這就如同「平時不

燒香，臨時抱佛腳」一樣的事例。

14.穆姜入宮，難逃因果

襄公九年，穆姜薨於東宮。始往而筮之，遇艮之八䷳，史曰：「是謂艮之隨䷐，隨其出也，君必速出。」姜曰：「亡。是於《周易》曰：『隨、元亨利貞，無咎。』元、禮之長也，亨、嘉之會也，利、義之和也，貞、事之幹也。體仁足以長人，嘉會足以合禮，利物足以和義，貞固足以幹事，然故不可誣也，是以雖隨無咎。今我婦人而與於亂，固在下位，而有不仁，不可謂元。不靖國家，不可謂亨。作而害身，不可謂利。棄位而姣，不可謂貞。有四得者，隨而無咎，我皆無之，豈隨也哉？我則取惡，能無咎乎？必死於此，弗得出矣。」（註五十二）

這一則史例是穆姜，因入宮所應的卜筮，卦象是〈艮〉䷳變（隨）䷐，一共動了五爻，唯有〈艮〉之六二不動，所以叫做〈艮〉之八，八指六二的陰爻。在占例有五爻動，而一爻不動之時，就要以不動之爻論斷，所以〈艮・六二〉：「艮其腓，不拯其隨。其心不快。」〈小象〉：「不拯其隨，未退聽也。」

穆姜問占卜的太史，她能否出於東宮，也就是說，能否活著出去。太史根據占卜的結果說可以，可是穆姜卻有不同的看法，根據《周易・隨》卦辭：元亨利貞，無咎。表示占到此變卦的人是要有「元亨利貞」四大美德的人才會有好的結果。可見穆姜對《周易》還是有相當研究，所以穆姜自己知道她四種美德全無，又怎能合乎〈隨卦〉，而且自己又惹出禍端，又怎能可以免禍呢？所以必定會死在這裡，是無法沽得出去。這前提應是配合〈艮・九二〉艮其腓，不拯其隨，其心不快。爻辭參與判斷的。

在《周易》共有七個卦具有「元亨利貞」四大美德，唯有乾卦是沒有但書的。其他如〈坤〉、〈屯〉、〈隨〉、〈臨〉、〈無妄〉、〈革〉都是有條件的。當卜到這六卦，要能免除災禍就必須要有先決條件做前提，才算是吉卦，並可預做準備。就像〈臨〉卦：元亨利貞，至於八月有凶。連應期都已告知，以利應變。其餘五卦亦做此解讀。

15. 崔杼占婚，莊公賞帽

襄公二十五年，春，齊棠公之妻，東郭偃之姊也，東郭偃臣崔武子，棠公死，偃御武子以弔焉，見棠姜而美之，使偃取之，偃曰：「男女辨姓，今君出自丁，臣出自桓，不可。」武子筮之，遇困䷮之大過䷛，史皆曰：「吉。」示陳文子，文子曰：「夫從風，風隕，妻不可娶也。且其繇曰：『困於石，據於蒺蔾，入於其宮，

不見其妻，凶。』困於石，往不濟也。據於蒺藜，所恃傷也。入於其宮，不見其妻，凶，無所歸也。」崔子曰：「嫠也何害，先夫當之矣。」遂取之，莊公通焉，驟如崔氏，以崔之冠賜入，侍者曰：「不可。」（註五十三）

這一則史例是崔杼貪圖棠姜美色，不分青紅皀白，不知同族是不可通婚，硬是執迷不悟。不得不派人去占卜，結果遇到〈困〉卦變成〈大過〉卦，史官爲了奉承崔杼謊說是吉卦，於是崔杼就把卦文拿給陳文子看，文子說：好比是從風而去，而風可吹落萬物，此妻不可以娶也。而且〈困・六三〉的爻辭又是非常的不吉利，困於石，即使前往也無濟於事。「據於蒺藜」，就是不但沒有依靠反而會受傷。「入於其宮，不見其妻，凶。」妻離子散，如此狼狽。都是咎由自取的。

子曰：非所困而困焉，名必辱。非所據而據焉，身必危。既辱且危，死期將至，妻其可得見邪！（註五十四）

《繫辭傳》特別提示這一爻，是有相當程度的體認與暗示，若是萬一占得此卦爻，非得小心不可，以達趨吉避凶。

16. 楚王無德，迷復之凶

襄公二十八年，八月，此大叔歸復命，告子展曰：「楚子將死矣！不修其政德，

而貪昧於諸侯，以逞其願，欲久得乎？周易有之，在復䷗之頤䷚曰：『迷復凶。』其楚子之謂乎？欲復其願，而棄其本，復歸無所，是謂迷復，能無凶乎？」（註五十五）

這一則史例比較特殊，直接引用《周易・復》上六：「迷復凶。有災眚，用行師，終有大敗。以其國君凶。至於十年不克征。」

因為楚王，不理會政治道德，只妄想號令諸侯，以滿足他的慾望，王位如何能久存呢？這種執迷不悟的思想，是違反了《周易・頤卦》的基本精神，「頤，貞吉。觀頤，自求口實。初九：「舍爾靈龜，觀我朵頤。凶。」

不管任何人事，凡是如此的鬼迷心竅，基本上是無須占卜，可以直接由實際的狀況，推算到未來，因此務必熟讀《周易》的卦爻辭，以便應用在瞬息萬變的不同環境，從檢視自己的行動思維，適時的調整，進而觀察週遭的人事互動，必可為自己創造豐富的人生。

17. 康叔託夢，占立太子

昭公七年，冬，衛襄公夫人姜氏無子，嬖人婤合生孟縶，孔成子夢康叔謂己：「立元，余使羈之孫圉與史苟相之。』史朝亦夢康叔謂己：『余將命而子苟與孔烝鉏之曾孫圉相元。」史朝見成子，告之夢，夢協。晉韓宣子爲政，聘於諸侯之歲，婤合生子，名之曰元，孟縶之足不良，弱行，孔成子以《周易》筮之曰：「元尚享衛國，主其社稷。」遇屯䷂，又曰：「余尚立縶，尚克嘉之。」遇屯䷂之比䷇，以示史朝，史朝曰：「元亨，又何疑焉？」成子曰：「非長之謂乎？」對曰：「康叔名之，可謂長矣。孟非人也，將不列於宗，不謂長，且其繇曰：「利建侯。」嗣吉何建，建非嗣也？二卦皆云。子其建之，康叔命之，二卦告之，筮襲於夢，武王所用也，弗從何爲？弱足者居，侯主社稷，臨祭祀，奉民人，事鬼神，從會朝，又焉得居？各以所利，不亦可乎？」故孔成子立靈公。十二月，癸亥，葬衛襄公。（註五十六）這一則史例是康叔託夢給孔成子與史朝要立元爲太子的筮例，所得的是〈屯〉之〈比〉也就是動了初爻。〈屯〉元亨利貞，勿用有攸往，利建侯。剛好符合了立太子的條件，因〈屯〉有大亨之道，而處之利在固，非貞固無以濟，方屯之時，尚在儲備階段，必廣資輔助，所以利建侯也。〈屯•初九〉：盤桓，利居貞，利建侯。動爻也是指明元是可以立爲太子，所以必須有所輔佐。

〈比〉：「吉，原筮元永貞，無咎」。變卦也有出現「元」字，比卦更加確認要立「元」爲太子。

針對「元」立太子，若從出生順序當以長子爲優先，但因爲長子叫孟縶，行動不方便，要執掌國家大政，同時還要主持祭祀，統治人民，侍奉鬼神，出國會盟，怎能勝任如此繁重的大任呢？人應各盡其才，這不是很好嗎？所以孔成子就立次子「元」爲太子。

從主卦到變卦，直接明示，利建侯，這豈非是巧合，在六十四卦當中，唯有〈屯卦〉與〈豫卦〉有利建侯。但〈豫卦〉是行軍打戰的準備。〈屯卦〉才是眞正建立諸侯的卦。

18. 南蒯將叛，筮吉誅斃

昭公十二年，季平子立，而不禮於南蒯，……南蒯之將叛也，其鄉人或知之，過之而歎，且言曰：「卹卹乎？湫乎？攸乎？深思而淺謀，邇身而遠志，家臣而君圖，有人矣哉！」南蒯枚筮之，遇坤☷☷之比☵☷，曰：「黃裳元吉。」以爲大吉也，示子服惠伯曰：「即欲有事，何如？」惠伯曰：「吾嘗學此矣，忠信之事則可，不然必敗。外彊內溫，忠也；和以率貞，信也。故曰：『黃裳元吉。』黃中之色也，裳下之飾也，元善之長也。中不忠，不得其色，下不共，不得其飾，事不善，不得其極。外內倡和爲忠，率事以信爲共，供養三德爲善，非此三者弗當。且夫易，不可以

占險，將何事也，且可飾乎？中美能黃，上美爲元，下美則裳，參成可筮，猶有闕也，筮雖吉，未也。」（註五十七）

這一段的史例是魯國的季平子繼承了家業，但是對待有功的南蒯沒有好好的禮遇，因此南蒯就圖謀叛變，他的鄉人有人知道，經過他的門口而嘆息，並且說到：「好悲哀呀！可憐呀！說來也痛心，雖能深謀但無遠慮，身分卑微卻有遠大的慾望，以一個家臣之身卻想謀圖君位，確有這樣的一個人。」

南蒯爲此吉凶占筮了一卦，卦象是〈坤〉變〈比〉

也就是〈坤・六五〉：「黃裳元吉。」〈動爻六五〉。南蒯以爲這是大吉的卦，後出示給子服惠伯看，而且說：「我立即想做這件事（叛變），你看如何？」惠伯說：「我曾經研究過此卦，除非忠信的事就可以成功，不然必會失敗。外表強硬，內心溫和，就是忠的表現；用和平來統帥貞正，就是信的表現。所以說：『黃裳元吉。』黃是五色的中心，裳是下半身的衣飾，元善可起爲首長。如果不合乎忠道，就得不到正色，在下位者不知恭敬，就不得下裳之飾，從事不善的事情，就得不到好處。內外與人呼應合和就是忠，處事以講求信義爲共同目標，遵照三種德性就是善的表現，除非具有忠、信、恭敬三件事，就不能用此卦，並且《易經》是不可以用來占

問不善與危險之事，你將準備做何事，還可以掩飾嗎？中正美色為黃，上面美色為元，下面美色為裳，三件事具足才可占卜。假如尚有遺缺，占筮雖然是吉利的，亦不足採信。」所謂「易為君子謀」的意義也在於此，起身動念若是違反常道，基本上是不適用於《易經》卜筮的原則。道德愈高超的人，對於占筮的應用，並非只一己之私，而以共利眾生為主旨，達到趨吉避凶的效果。

19. 妄想天下，不吉丟龜

昭公十三年，春，……他年，芋尹申亥以王柩告，乃改葬之。初，靈王卜曰：「余尚得天下！」不吉，投龜詬天而呼曰：「是區區者，而不余畀，余必自取之。」民患王之無厭也，故從亂如歸。（註五十八）

這一則史例是，當初靈王曾占卜說：「請再讓本王得到天下！」結果占到不吉利的卦，因此靈王就將卜龜去掉，還罵上天說：「只是個區區的天下，竟然不給本王，本王必憑自己之力來奪取。」因此人民都怪靈王之貪得無厭，所以每當有人造反，均配合參予叛變。

〈中孚・上九〉：翰音登於天。貞凶。

這一爻卦爻形容不祥之聲，顯示凶象就像楚靈王，由於占卜不吉，竟然丟龜罵

天，惹來民怨，客死他鄉。所謂天之所助者，順也。人之所助者，信也。既逆於天又失信於民，其凶可知也。

20. 天命如此，神仙難救

昭公十七年，吳伐楚，陽丐爲令尹卜戰，不吉，司馬子魚曰：「我得上流，何故不吉？且楚故，司馬令龜，我請改卜」令曰：「魴也，以其屬死之，楚師繼之，尚大克之，吉。」戰於長岸，子魚先死，楚師繼之，大敗吳師，獲其乘舟餘皇，使隨人與後至者守之，環而塹之，及泉，盈其隧炭，陳以待命。吳公子光請於其衆曰：「喪先王之乘舟，豈唯光之罪，衆亦有焉。請藉取之以救死。』衆許之，使長鬣者三人，潛伏於舟側曰：「我呼餘皇則對師夜從之。」三呼皆迭對，楚人從而殺之。楚師亂，吳人大敗之，取餘皇以歸。（註五十九）

這一則史例是吳國伐兵攻打楚國，楚國的令尹陽丐，占卜戰事的結果不吉祥，司馬子魚說：「我軍位於上游，爲何說不吉祥，而且按照楚國的舊例，由司馬用龜來占卜，因此我想請求再用靈龜卜一次。」

司馬子魚令卜龜說：「我準備與部屬決一死戰，只要楚軍後援繼至，就可以大勝吳君，結果得到的是吉卦。」兩兵交戰於長岸，子魚首先戰死，楚軍援兵繼至奮戰，

果然大敗吳軍……但不久楚又被吳軍打敗。

〈訟〉：「訟。有孚窒。惕中吉。終凶。利見大人。不利涉大川。」

即將遭遇敵軍之攻擊，占卜結果又不吉，此時此刻應該要權衡彼此之兵力，若事實上是無法克敵，就必須另想辦法，最好不要心存僥倖，就像訟卦的卦辭說，誠信受到阻塞，警惕，過程中有吉。但最後還是凶，也就是結果還是失敗的。但有一個生機是利見大人，或許可派大使去求和或尋求他國的奧援，硬幹是不行的。諸如此例在人生事業的經驗是比比皆之，戒之慎之，可以無患。

21. 乾卦變化，證明有龍

昭公二十九年……社稷五祀，祀，是尊是奉。木正曰句芒，火正曰祝融，金正曰蓐收，水正曰玄冥，土正曰后土。龍水物也，水官棄矣，故龍不生得。不然，《周易》有之。在乾䷀之姤䷫曰：「潛龍勿用。」其同人䷌曰：「見龍在田。」其大有曰：「飛龍在天。」其夬䷪曰：「亢龍有悔。」其坤䷁曰：「見群龍無首，吉。」坤之剝䷖曰：「龍戰于野。」若不朝夕見。（註六十）

這一則史例是記載被卦爲諸侯位列三公，死後就被當神來供奉，被尊爲社稷的五大祭祀。木神名叫句芒，火神名叫祝融，金神名叫蓐收，水神名叫玄冥，土神名叫后

土。龍是水中的生物，水官與不存在，所以龍也無法生存。其實不然，《周易》有記載。〈乾〉變〈姤〉初九：潛伏的龍不要動牠。〈乾〉變〈同人〉九二：看見龍在田園裡。〈乾〉變〈大有〉九五：龍飛在天上遨翔。〈乾〉變〈夬〉上九：龍飛到很高又會返下。〈乾〉變〈坤〉用九：六爻全動：看見一群龍，沒有特別帶頭的龍，是吉利的象徵。〈坤〉變〈剝〉上六：龍相戰於荒野。假如不是早晚能看見龍，誰又能知道什麼叫龍呢？

從卦變的原理來探討龍的存在，引伸到「大衍之數」對事情的判斷是可以類推的，就像〈乾〉變〈坤〉必須六爻全動，依序為九九九九九九，這樣的機率是相當難得，所以得吉。

虞翻的卦變說，起自於乾坤。在虞氏看來，萬物始於天地，故於《周易》當以乾坤為本。乾為純陽，坤為純陰，陰陽變通，代表不同事類的卦方能產生。同時，卦變也才能夠成為可能。（註六十一）

22. 占卜出兵，水能勝火

哀公九年，晉趙鞅卜救鄭，遇水適火，占諸史趙、史墨、史龜，史龜曰：「是謂沉陽，可以興兵，利以伐姜，不利子商，伐齊則可，敵宋不吉。」史墨曰：「盈水名

也，子水位也，名位敵，不可干也。炎帝為火師，姜姓其後也。水勝火，伐姜則可。」史趙曰：「是謂如川之滿，不可游也。鄭方有罪，不可救也。救鄭則不吉，不知其他。」陽虎以《周易》筮之，遇泰䷊之需䷄，曰：「宋方吉，不可與也。微子啓，帝乙之元子也。宋鄭甥舅也。祉祿也，若帝乙之元子，歸妹而有吉祿，我安得吉焉？」乃止。（註六十二）

這一則史例所要探討的兩個主題，第一以五行來推論，卦出現〈坎水〉與〈離火〉兩象。以晉為坎水之象，姜姓（祝融後代），屬離火之象，是水勝火（沉陽）可以攻打，這是用五行之相勝來決定出兵與否。第二以卦爻辭來推斷，如〈泰〉變〈需〉，〈泰・六五〉：帝乙歸妹，以祉元吉。也就說當對方正吉星高照，喜氣洋洋之時，我方又怎麼能得到吉利呢？因此就取消發兵的行動。

總結以上幾條例子，特別是用以占筮的例子，我們可以看出：在春秋時代，人們用《周易》占筮，並無一定的公式可循。

卦變之法，朱熹說：「一爻變，則以本卦變爻辭占。」這是筮有定法了。但綜觀春秋筮例，一爻變者，雖然大部分取變爻之辭，但也要結合卦體、卦象與爻辭綜合判斷，少數卦例還引變卦卦辭和卦象合占。如莊公二十二年，卜嫁女兒得〈觀〉之〈

否〉，就是直接用〈觀·六四〉：「觀國之光，利用賓於王。」占斷未來女婿的成就相當的高，所謂如意郎君也。

古人解占，並不受框框的限制。有時隨解占者自己的理解來解釋，最明顯的例子是前面所舉《左傳·襄公九年》穆姜算卦一例。她所遇得之卦爲〈隨〉卦辭：「元亨利貞，無咎。」這本是吉辭，善補過即可。但穆姜解釋卦辭卻不這麼認爲，因爲罪孽深重的她不適用於此卦。因此占卦的適用性有因人、事、時、地、物、正、反的不同而有此變通。如《論衡·卜筮篇》記載這樣的傳說：「魯將伐越，筮之，得『鼎折足』，子貢占之以爲『凶』，何則？鼎而折足，行用足，故謂之『凶』。孔子占之以爲『吉』，曰：『越人水居，行用舟，不用足，故謂之吉。』魯伐越，果剋之。」〈鼎·九四〉：「鼎折足，覆公餗，其形渥，凶。」（註六十三）

子貢解此卦，會認爲凶卦。最主要的原因是直截了當，不假思索，認爲折斷了足，如何還能打仗呢？所以凶。

孔子解此卦，會認爲吉卦。是說：「越人在水中居住，出征行走用船不用足，所以是吉卦。」這是特例不可輕用。

魯國去伐越國，果然打了勝仗。所謂三分卦，七分相，在《周易》而言是千變萬

化，這也是〈變易〉的道理。再如《周易古筮考》卷四例舉清人紀曉嵐少時應御舉，老師爲他占了一卦，筮得〈困・六三〉：「『困於石，據於蒺藜，入於其宮，不見其妻，凶』，我還沒娶妻，談何『不見其妻，凶？』依我看，這次考試，可能得第二名，『困於石』者，第一名可能姓名中有石字，或以石字作偏旁。」據說發榜之後，果然第一名姓石，紀曉嵐居第二，第三名姓米，米字有蒺藜的形象，故曰：「據於蒺藜」。（註六十四）。像這樣的巧合，所謂無巧不書，天地間無奇不有，筆者曾有一則卜筮經驗，有女子卜問感情事宜，遇〈噬嗑・上九〉：何校滅耳。凶。小象：何校滅耳。「聰」不「明」也。因爲這是介入第三者的感情糾紛，所以顯示凶兆。更不可思議的是，男主角剛好叫「聰明」。雖然名聰明，但卻做出不聰明的事；唯有常占才能體會箇中奧妙，非親身體驗焉知其占如神。

到了西漢，京房又起納甲占卦，此法不見於《春秋》筮法，據說爲西漢人自造，但對後人影響很大。這就是當今比較傳統的卜卦運用法則，民間的江湖術士大多以此爲準則。

所謂「納甲」筮法，就是將六十四卦按「八宮」排列，每宮八個卦，由一經卦領首，宮中每卦有「世爻」「應爻」，再將天干地支按一定規律排列於八經卦的六個爻

畫，以得卦所值地支五行，與遇卦本宮所屬五行之生剋而定出「六親」，即「父母」、「兄弟」、「妻財」、「子孫」、「官鬼」。此卦又有「六神」、即「青龍」、「朱雀」、「勾陳」、「螣蛇」、「白虎」、「玄武」，以「六神」及天干地支所屬五行生剋及占時日的生剋，推斷占事的吉凶。而「世爻」、「應爻」，爲卦中之主。主要憑此二爻推斷。（註六十五）。以上是純粹用五行生剋制化來占斷，但延伸至今尚有「空亡」、「神煞」等等都必要加以考量的。配合附圖就可以清楚八宮六十四卦所屬的干支五行、六親等排列將可一目了然直接代入公式即可。（如附表）

《易經》本是一部占筮之書，從蓍占發展而來。《易經》的經文不但蘊含了豐富的儒家思想，而且它與《老子》、《莊子》的思想互相交融，因此它也是一部道家和道教人士崇奉的經典，《易經》、《老子》和《莊子》在魏晉南北朝並稱爲「三玄」。因爲它是一部占卜吉凶的書，故也爲陰陽家所使用。不僅此也，《易經》的卦爻辭運用了不少修辭學的技巧（例如對比、譬喻等），又充滿了聲韻之美，所以也爲文學家和修辭學家奉爲寶典。進一步言之，《易經》的中心思想—太極和陰陽，更是中國人的核心思維，由此開啓了一連串的思想。《易經》可說是百經之祖，衆學之源。

◎六爻神卦伏神、卦身世應速檢表

乾宮八卦（金）

乾為天 (1)

六親	地支五行	爻	世應	伏神	卦身
父母	戌土	—	世		
兄弟	申金	—			
官鬼	午火	—			
父母	辰土	—	應		
妻財	寅木	—			
子孫	子水	—			

天風姤 (2)

六親	地支五行	爻	世應	伏神	卦身
父母	戌土	—			
兄弟	申金	—			
官鬼	午火	—	應		卦身
兄弟	酉金	—			
子孫	亥水	—		伏妻財寅木	
父母	丑土	- -	世		

天山遯 (3)

六親	地支五行	爻	世應	伏神	卦身
父母	戌土	—			
兄弟	申金	—	應		
官鬼	午火	—			
兄弟	申金	—			
官鬼	午火	- -	世	伏妻財寅木	
父母	辰土	- -		伏子孫子水	

天地否 (4)

六親	地支五行	爻	世應	伏神	卦身
父母	戌土	—	應		
兄弟	申金	—			卦身
官鬼	午火	—			
妻財	卯木	- -	世		
官鬼	巳火	- -			
父母	未土	- -		伏子孫子水	

風地觀 (5)

六親	地支五行	爻	世應	伏神	卦身
妻財	卯木	—			
官鬼	巳火	—		伏兄弟申金	
父母	未土	- -	世		
妻財	卯木	- -			
官鬼	巳火	- -			
父母	未土	- -	應	伏子孫子水	

山地剝 (6)

六親	地支五行	爻	世應	伏神	卦身
妻財	寅木	—			
子孫	子水	- -	世	伏兄弟申金	
父母	戌土	- -			
妻財	卯木	- -			
官鬼	巳火	- -	應		
父母	未土	- -			

火地晉 (7)

六親	地支五行	爻	世應	伏神	卦身
官鬼	巳火	—			
父母	未土	- -			
兄弟	酉金	—	世		
妻財	卯木	- -			卦身
官鬼	巳火	- -			
父母	未土	- -	應	伏子孫子水	

火天大有 (8)

六親	地支五行	爻	世應	伏神	卦身
官鬼	巳火	—	應		
父母	未土	- -			
兄弟	酉金	—			
父母	辰土	—	世		
妻財	寅木	—			卦身
子孫	子水	—			

兌宮八卦（金）

兌為澤(1)

父母	未土	▅ ▅	世	
兄弟	酉金	▅▅▅		
子孫	亥水	▅▅▅		卦身
父母	丑土	▅ ▅	應	
妻財	卯木	▅▅▅		
官鬼	巳火	▅▅▅		

澤地萃(3)

父母	未土	▅ ▅		卦身
兄弟	酉金	▅▅▅	應	
子孫	亥水	▅▅▅		
妻財	卯木	▅ ▅		
官鬼	巳火	▅ ▅	世	
父母	未土	▅ ▅		

水山蹇(5)

子孫	子水	▅ ▅		
父母	戌土	▅▅▅		伏酉金 卦身
兄弟	申金	▅ ▅	世	
兄弟	申金	▅▅▅		
官鬼	午火	▅ ▅		伏妻才卯木
父母	辰土	▅ ▅	應	

雷山小過(7)

父母	戌土	▅ ▅		
兄弟	申金	▅ ▅		
官鬼	午火	▅▅▅	世	伏子孫亥水
兄弟	申金	▅▅▅		
官鬼	午火	▅ ▅		伏妻財卯木 卦身
父母	辰土	▅ ▅	應	

澤水困(2)

父母	未土	▅ ▅		
兄弟	酉金	▅▅▅		
子孫	亥水	▅▅▅	應	
官鬼	午火	▅ ▅		卦身
父母	辰土	▅▅▅		
妻財	寅木	▅ ▅	世	

澤山咸(4)

父母	未土	▅ ▅	應	
兄弟	酉金	▅▅▅		
子孫	亥水	▅▅▅		
兄弟	申金	▅▅▅	世	
官鬼	午火	▅ ▅		伏妻財卯木
父母	辰土	▅ ▅		

地山謙(6)

兄弟	酉金	▅ ▅		
子孫	亥水	▅ ▅	世	
父母	丑土	▅ ▅		
兄弟	申金	▅▅▅		
官鬼	午火	▅ ▅	應	伏妻財卯木
父母	辰土	▅ ▅		

雷澤歸妹(8)

父母	戌土	▅ ▅	應	
兄弟	申金	▅ ▅		卦身
官鬼	午火	▅▅▅		伏子孫亥水
父母	丑土	▅ ▅	世	
妻財	卯木	▅▅▅		
官鬼	巳火	▅▅▅		

離宮八卦（火）

離為火 (1)

兄弟	巳火	—	世	卦身
子孫	未土	- -		
妻財	酉金	—		
官鬼	亥水	—	應	
子孫	丑土	- -		
父母	卯木	—		

火山旅 (2)

兄弟	巳火	—		
子孫	未土	- -		
妻財	酉金	—	應	
妻財	申金	—		伏官鬼亥水
兄弟	午火	- -		
子孫	辰土	- -	世	伏父母卯木

火風鼎 (3)

兄弟	巳火	—		
子孫	未土	- -	應	
妻財	酉金	—		
妻財	酉金	—		
官鬼	亥水	—	世	
子孫	丑土	- -		伏父母卯木 卦身

火水未濟 (4)

兄弟	巳火	—	應	
子孫	未土	- -		
妻財	酉金	—		
兄弟	午火	- -	世	伏官鬼亥水
子孫	辰土	—		
父母	寅木	- -		

山水蒙 (5) 卦身

父母	寅木	—		
官鬼	子水	- -		
子孫	戌土	- -	世	伏妻財酉金
兄弟	午火	- -		
子孫	辰土	—		
父母	寅木	- -	應	

風水渙 (6)

父母	卯木	—		
兄弟	巳火	—	世	
子孫	未土	- -		伏妻財酉金
兄弟	午火	- -		伏官鬼亥水
子孫	辰土	—	應	卦身
父母	寅木	- -		

天水訟 (7)

子孫	戌土	—		
妻財	申金	—		
兄弟	午火	—	世	
兄弟	午火	- -		伏官鬼亥水
子孫	辰土	—		
父母	寅木	- -	應	伏卦身卯木

天火同人 (8)

子孫	戌土	—	應	
妻財	申金	—		
兄弟	午火	—		
官鬼	亥水	—	世	
子孫	丑土	- -		
父母	卯木	—		

震宮八卦（木）

震為雷 (1)

六親	干支	爻	世應	伏神
妻財	戌土	⚋	世	
官鬼	申金	⚋		
子孫	午火	⚊		
妻財	辰土	⚋	應	
兄弟	寅木	⚋		
父母	子水	⚊		

雷水解 (3)

六親	干支	爻	世應	伏神
妻財	戌土	⚋		
官鬼	申金	⚋	應	
子孫	午火	⚊		
子孫	午火	⚋		
妻財	辰土	⚊	世	
兄弟	寅木	⚋		伏父母子水

雷地豫 (2)

六親	干支	爻	世應	伏神
妻財	戌土	⚋		
官鬼	申金	⚋		
子孫	午火	⚊	應	卦身
兄弟	卯木	⚋		
子孫	巳火	⚋		
妻財	未土	⚋	世	伏父母子水

雷風恒 (4)

六親	干支	爻	世應	伏神
妻財	戌土	⚋	應	
官鬼	申金	⚋		
子孫	午火	⚊		
官鬼	酉金	⚊	世	
父母	亥水	⚊		伏兄弟寅木　卦身
妻財	丑土	⚋		

地風升 (5)

六親	干支	爻	世應	伏神
官鬼	酉金	⚋		
父母	亥水	⚋		
妻財	丑土	⚋	世	伏子孫午火
官鬼	酉金	⚊		卦身
父母	亥水	⚊		伏兄弟寅木
妻財	丑土	⚋	應	

澤風大過 (7)

六親	干支	爻	世應	伏神
妻財	未土	⚋		
官鬼	酉金	⚊		
父母	亥水	⚊	世	伏子孫午火
官鬼	酉金	⚊		
父母	亥水	⚊		伏兄弟寅木
妻財	丑土	⚋	應	

水風井 (6)

六親	干支	爻	世應	伏神
父母	子水	⚋		
妻財	戌土	⚊	世	
官鬼	申金	⚋		伏子孫午火
官鬼	酉金	⚊		伏卦身辰土
父母	亥水	⚊	應	伏兄弟寅木
妻財	丑土	⚋		

澤雷隨 (8)

六親	干支	爻	世應	伏神
妻財	未土	⚋	應	
官鬼	酉金	⚊		伏卦身申金
父母	亥水	⚊		
妻財	辰土	⚋	世	
兄弟	寅木	⚋		
父母	子水	⚊		

坎宮八卦（水）

坎為水 (1)

六親	干支	爻	世應	伏神／卦身
兄弟	子水	⚋	世	
官鬼	戌土	⚊		
父母	申金	⚋		
妻財	午火	⚋	應	
官鬼	辰土	⚊		
子孫	寅木	⚋		

水澤節 (2)

六親	干支	爻	世應	伏神／卦身
兄弟	子水	⚋		卦身
官鬼	戌土	⚊		
父母	申金	⚋	應	
官鬼	丑土	⚋		
子孫	卯木	⚊		
妻財	巳火	⚊	世	

水雷屯 (3)

六親	干支	爻	世應	伏神／卦身
兄弟	子水	⚋		
官鬼	戌土	⚊	應	
父母	申金	⚋		
官鬼	辰土	⚋		伏妻財午火
子孫	寅木	⚋	世	
兄弟	子水	⚊		

水火既濟 (4)

六親	干支	爻	世應	伏神／卦身
兄弟	子水	⚋	應	
官鬼	戌土	⚊		
父母	申金	⚋		
兄弟	亥水	⚊	世	伏妻財午火
官鬼	丑土	⚋		
子孫	卯木	⚊		伏卦身寅木

澤火革 (5)

六親	干支	爻	世應	伏神／卦身
官鬼	未土	⚋		
父母	酉金	⚊		
兄弟	亥水	⚊	世	
兄弟	亥水	⚊		伏妻財午火
官鬼	丑土	⚋		
子孫	卯木	⚊	應	卦身

雷火豐 (6)

六親	干支	爻	世應	伏神／卦身
官鬼	戌土	⚋		卦身
父母	申金	⚋	世	
妻財	午火	⚊		
兄弟	亥水	⚊		
官鬼	丑土	⚋	應	
子孫	卯木	⚊		

地火明夷 (7)

六親	干支	爻	世應	伏神／卦身
父母	酉金	⚋		卦身
兄弟	亥水	⚋		
官鬼	丑土	⚋	世	
兄弟	亥水	⚊		伏妻財午火
官鬼	丑土	⚋		
子孫	卯木	⚊	應	

地水師 (8)

六親	干支	爻	世應	伏神／卦身
父母	酉金	⚋	應	
兄弟	亥水	⚋		
官鬼	丑土	⚋		伏卦身申金
妻財	午火	⚋	世	
官鬼	辰土	⚊		
子孫	寅木	⚋		

巽宮八卦（木）

巽為風(1)

兄弟	卯木	—	世	
子孫	巳火	—		卦身
妻財	未土	- -		
官鬼	酉金	—	應	
父母	亥水	—		
妻財	丑土	- -		

風天小畜(2)

兄弟	卯木	—		
子孫	巳火	—		
妻財	未土	- -	應	
妻財	辰土	—		伏官鬼酉金
兄弟	寅木	—		
父母	子水	—	世	卦身

風火家人(3)

兄弟	卯木	—		
子孫	巳火	—	應	
妻財	未土	- -		卦身
父母	亥水	—		伏官鬼酉金
妻財	丑土	- -	世	
兄弟	卯木	—		

風雷益(4)

兄弟	卯木	—	應	
子孫	巳火	—		
妻財	未土	- -		
妻財	辰土	- -	世	伏官鬼酉金
兄弟	寅木	- -		
父母	子水	—		

天雷无妄(5)

妻財	戌土	—		伏卯木 卦身
官鬼	申金	—		
子孫	午火	—	世	
妻財	辰土	- -		
兄弟	寅木	- -		
父母	子水	—	應	

火雷噬嗑(6)

子孫	巳火	—		
妻財	未土	- -	世	
官鬼	酉金	—		
妻財	辰土	- -		
兄弟	寅木	- -	應	
父母	子水	—		

山雷頤(7)

兄弟	寅木	—		
父母	子水	- -		伏子孫巳火
妻財	戌土	- -	世	
妻財	辰土	- -		伏官鬼酉金 卦身
兄弟	寅木	- -		
父母	子水	—	應	

山風蠱(8)

兄弟	寅木	—	應	卦身
父母	子水	- -		伏子孫巳火
妻財	戌土	- -		
官鬼	酉金	—	世	
父母	亥水	—		
妻財	丑土	- -		

艮宮八卦(土)

艮為山(1)

六親	納支	爻	世應	伏神
官鬼	寅木	—	世	
妻財	子水	--		
兄弟	戌土	--		
子孫	申金	—	應	
父母	午火	--		
兄弟	辰土	--		

山火賁(2)

六親	納支	爻	世應	伏神
官鬼	寅木	—		
妻財	子水	--		卦身
兄弟	戌土	--	應	
妻財	亥水	—		伏子孫申金
兄弟	丑土	--		伏父母午火
官鬼	卯木	—	世	

山天大畜(3)

六親	納支	爻	世應	伏神
官鬼	寅木	—		
妻財	子水	--	應	
兄弟	戌土	--		
兄弟	辰土	—		伏子孫申金
官鬼	寅木	—	世	伏父母午火
妻財	子水	—		

山澤損(4)

六親	納支	爻	世應	伏神
官鬼	寅木	—	應	
妻財	子水	--		
兄弟	戌土	--		
兄弟	丑土	--	世	伏子孫申金　卦身
官鬼	卯木	—		
父母	巳火	—		

火澤睽(5)

六親	納支	爻	世應	伏神
父母	巳火	—		
兄弟	未土	--		伏妻財子水
子孫	酉金	—	世	
兄弟	丑土	--		
官鬼	卯木	—		卦身
父母	巳火	—	應	

天澤履(6)

六親	納支	爻	世應	伏神
兄弟	戌土	—		
子孫	申金	—	世	伏妻財子水
父母	午火	—		
兄弟	丑土	--		
官鬼	卯木	—	應	
父母	巳火	—		伏卦身辰土

風澤中孚(7)

六親	納支	爻	世應	伏神
官鬼	卯木	—		
父母	巳火	—		伏妻財子水
兄弟	未土	--	世	
兄弟	丑土	--		伏子孫申金
官鬼	卯木	—		
父母	巳火	—	應	

風山漸(8)

六親	納支	爻	世應	伏神
官鬼	卯木	—	應	伏卦身寅木
父母	巳火	—		伏妻財子水
兄弟	未土	--		
子孫	申金	—	世	
父母	午火	--		
兄弟	辰土	--		

坤宮八卦（土）

坤為地(1)

六親	地支	爻	世應	附註
子孫	酉金	- -	世	
妻財	亥水	- -		卦身
兄弟	丑土	- -		
官鬼	卯木	- -	應	
父母	巳火	- -		
兄弟	未土	- -		

地雷復(2)

六親	地支	爻	世應	附註
子孫	酉金	- -		
妻財	亥水	- -		
兄弟	丑土	- -	應	
兄弟	辰土	- -		
官鬼	寅木	- -		伏父母巳火
妻財	子水	—	世	卦身

地澤臨(3)

六親	地支	爻	世應	附註
子孫	酉金	- -		
妻財	亥水	- -	應	
兄弟	丑土	- -		卦身
兄弟	丑土	- -		卦身
官鬼	卯木	—	世	
父母	巳火	—		

地天泰(4)

六親	地支	爻	世應	附註
子孫	酉金	- -	應	
妻財	亥水	- -		
兄弟	丑土	- -		
兄弟	辰土	—	世	
官鬼	寅木	—		伏父母巳火　卦身
妻財	子水	—		

雷天大壯(5)

六親	地支	爻	世應	附註
兄弟	戌土	- -		
子孫	申金	- -		
父母	午火	—	世	
兄弟	辰土	—		伏卦身卯木
官鬼	寅木	—		
妻財	子水	—	應	

澤天夬(6)

六親	地支	爻	世應	附註
兄弟	未土	- -		
子孫	酉金	—	世	
妻財	亥水	—		
兄弟	辰土	—		卦身
官鬼	寅木	—	應	伏父母巳火
妻財	子水	—		

水天需(7)

六親	地支	爻	世應	附註
妻財	子水	- -		伏卦身酉金
兄弟	戌土	—		
子孫	申金	- -	世	
兄弟	辰土	—		
官鬼	寅木	—		伏父母巳火
妻財	子水	—	應	

水地比(8)

六親	地支	爻	世應	附註
妻財	子水	- -	應	
兄弟	戌土	—		
子孫	申金	- -		卦身
官鬼	卯木	- -	世	
父母	巳火	- -		
兄弟	未土	- -		

第二節「義理」於生活中的應用

一、憂患意識（憂患九卦）

《周易・繫辭傳下》：「《易》之興也，其於中古乎？作《易》者，其有憂患乎？」

是故〈履〉，德之基也；〈謙〉，德之柄也；〈復〉，德之本也；〈恒〉，德之固也；〈損〉，德之修也；〈益〉，德之裕也；〈困〉，德之辨也；〈井〉，德之地也；〈巽〉，德之制也。

〈履〉，和而至；〈謙〉，尊而光；〈復〉，小而辨於物；〈恒〉，雜而不厭；〈損〉，先難而後易；〈益〉，長裕而不設；〈困〉，窮而通；〈井〉，居其所而遷；〈巽〉，稱而隱。

〈履〉以和行，〈謙〉以制禮，〈復〉以自知，〈恒〉以一德，〈損〉以遠害，〈益〉以興利，〈困〉以寡怨，〈井〉以辨義，〈巽〉以行權。

《易經》的興起，可能是在中古時代吧！著作《易經》的人，有其「憂患意識」吧！

老子《道德經・第十五章》：「古之善爲道者，微妙玄通、深不可識。夫唯不可識，故強之爲容，豫兮若冬涉川，猶兮若畏四鄰。……」（註六十六）

何謂：「憂患意識」？用現代的眼光來看，即爲「精神安定而不麻木，物質繁榮而不腐化」。

因此〈履卦〉的小心謹愼，是道德的根基；〈謙卦〉的裒多益寡，是道德的權柄；〈復卦〉的反復其道，是道德的本體；〈恒卦〉的立不易方，是德行的堅固；〈損卦〉的懲忿窒欲，是道德的修養；〈益卦〉的見善則遷，是道德的充裕；〈困卦〉的有言不信，是道德的分辨；〈井卦〉的改邑不改井，是道德的根據地；〈巽卦〉的用史筮紛若，是道德的制約。

〈履卦〉「履道坦坦」，所以無有不至；〈謙卦〉「勞謙君子」，所以能受尊敬而發揚光大；〈復卦〉〈困卦〉的「中行獨復」，所以能從微小即分辨事物的眞僞；〈恒卦〉「有恒其德」，所以能處紛雜之事而不厭煩；〈損卦〉「減損其疾」，所以起先感到困難，而後來就容易了；〈益卦〉「日進無疆」，所以能長久增益而不空談；〈困卦〉「利用祭祀」，所以陷入困境得道通達；〈井卦〉寒泉之食，所以能潤澤萬民，源源不斷；〈巽卦〉「田獲三品」，所以能歌功頌德而不現。

〈履卦〉用柔履剛，可以和諧行事；〈謙卦〉利用侵伐可以制不服禮者；〈復卦〉敦復無悔用中以自考也；〈恒卦〉婦人貞吉，可從一而終也；〈損卦〉損剛益柔，可以遠離禍害；〈益卦〉利用十朋之龜以興家利業；〈困卦〉用君子之心減少怨恨；〈井卦〉用井收勿幕，可以辨明正義；〈巽卦〉用中命行事，可以權宜適變。

以上是用這三陳九卦的性質，作用以及使用時機於日常生活當中的一種實踐與參悟，吾人深思，必可體會造化之機，一切均在自己掌握之中。人生八九不如意，一切的困難都將是一切創新的契機，只要好好的審視與詳驗這憂患九卦，這人生就沒有困境了。

二、趨吉避凶

欲明吉凶，古人出兵之前必先占卜，所謂卜筮蓍龜是也。這是所謂趨吉也。《尚書・洪範》：「……稽疑：擇建立卜筮人，乃命卜筮曰雨、曰霽、曰克、曰貞、曰悔凡七。卜五，占用二，衍忒，立時人作卜筮，三人占，則從二人之言，汝則有大疑謀及乃心謀及卿士謀及庶人謀及卜筮，汝則從，龜從，筮從卿士從，庶民從，是之謂大同。」（註六十七）

《洪範》說：龜骨稱卜，蓍草稱筮，考正疑難之事應當有所選擇，所以任命專職

之卜筮人。龜兆之形有似雨者，有似雨停者（霽），有陰闇者（蒙），有洛驛不連屬（驛），有兆相交錯（克），這五種是卜兆之常法。內卦叫貞，外卦叫悔共七種，任命卜筮的人行使卜筮的工作，夏、商、周三代卜筮各有不同，並用三法，卜筮各三人，從二人之言善鈞從衆。凡將舉事必有大疑，首先和幕僚商量以及衆人之意，然後再求以卜筮來決定，這樣的作法是先求人心的和順，次求於龜筮的作法，就叫做趨吉避凶於大同。（註六十八）

動靜有時，不明吉凶，不可謂之智；不明吉凶，不能用其勇。不明吉凶，則妄行；明知虎兕之域，虎兕出行之時，而不避之，這是極不智，不智則冒險，冒險非勇也，勇者應行則行，應動則動。空無涯，失卻把握控制，這不是行動所應之道。應動而不行動則怯，不應行動而行動則愚。均非行動之所許。

以下舉例以證：

〈象傳・訟〉：天與水違行。訟。君子以作事謀始。

形容天體的運行與水的流向是相違背的，因此造成了訴訟的原因，所以君子觀看此卦象體悟到，爲了避免有所訴訟，於行事之前必先做好完備的謀劃才可行動。

〈彖傳・大有〉：「應乎天而時行。是以元亨」。

凡事必須順應於天時而行動，這是所以大亨通的先決條件。

〈彖辭．豫〉：「聖人以順動，則刑罰請而民服。豫之時義大矣哉」。道德高操的領導人，應天順人而採取行動，因此，刑罰清楚而民心信服，所以豫卦所含順時的意義是非常重大的。

〈彖辭．隨〉：「隨，剛來而下柔，動而說，隨。大亨貞無咎，而天下隨時，隨時之義大矣哉」。

隨卦具有廣大、亨通、貞固的德性，所以善於補救，而且天下的人、事、物、理都要隨時而動，隨時的意義，是非常的重大的。

〈彖辭．頤〉：「天地養萬物，聖人以養賢及萬民，頤之時義大矣哉」。

天地畜養萬物，使萬物生長茂盛，聖人養賢能的人，使賢能的人能爲人民謀福利，將福澤推及到萬民的身上，頤養的時機合宜，意義是非常重大的。

〈彖辭．大過〉：「剛過而中，巽而說行，利有攸往，乃亨。大過之時大矣哉」。

剛大太過，而居於中間四爻的位置，巽順而歡悅的行事，有利於所往，乃然亨通。處大過的時機合宜，是很重大的。

用大矣哉」。

〈彖辭・坎〉：「天險不可升也，地險山川丘陵也。王公設險以守其國，險之時

天險高如日月不可及而升，地險有山川丘陵，王公效法天地，設置關隘如城池等重險之物，以保全他的國家，設險的時用，實在是很重大呀！

〈彖辭・遯〉：「遁，亨；遁而亨也。剛當位而應，與時行也。小利貞，浸而長也。遁之時義大矣哉！」

遁，亨通，是說因為在當退避的時候，能退避，所以亨通。九五陽剛中正且當位與六二陰柔相應。配合時勢而行動，可免於禍。陰小積漸成長，勢必至於極盛，物極必反，所起失其位者利於守正道。退隱之道於時機合宜，是非常重大的。

〈彖辭・睽〉：「天地睽而其事同也，男女睽而其志通也，萬物睽而其事類也。睽：時用大矣哉！」

在我們看來天地是上下相互睽違的，但其生長萬物的功能是相同的。男女的容貌外形是有所差別的，但男女媾精孕育下一代的精神是相通的。萬事萬物的形態各有差別，但它們的功能都是同樣有用的。睽卦的時機合宜，是非常重大的。

〈彖辭・蹇〉：「蹇，難也，險在前也。見險而能止，知矣哉，蹇利西南，往得中也。不利東北，其道窮也。利見大人，往有功也。當位貞吉，以正邦也。蹇之時用大矣哉！」

蹇是碰到災難的意思，坎險出現在前面，能發現危險在前面，而能當下艮止在後，這是很有智慧的。蹇之時利於西南（平順），是因爲能得中道而前往。不利於東北(崎嶇)，是因爲其道困難的原因。利見大人幫忙，是爲了前往能成功達成目標。並且要忠於職守，來端正邦國。遇蹇難而能克服，它的時用是非常重大的。

〈彖辭・解〉：「解，險以動，動而免乎險，解。解利西南，往得衆也。其來復吉，乃得中也。有攸往夙吉，往有功也。天地解而雷雨作，雷雨作而百果草木皆甲坼。解之時大矣哉！」

解除，是因遇險而有所行動，因動而能免除險難，稱之爲解。解，利於西南，因坤方在西南，有廣土衆民，前往可得衆人之協助。其能來復之間得吉，乃能行中道也。有所往而行動應即時才有功效。天地萬物孚解是因有雷動雨施，雷動雨施以震醒潤澤萬物的現象，讓百果草木都萌動而發芽，解的時機合宜，是非常重大的。

〈彖辭・損〉：「曷之用？二簋可用享，二簋應有時，損剛益柔有時。損益盈虛，與時偕行」。

如何適當的用損呢？在非常時期二個簋的飯菜可以祭祀鬼神，用最少的祭物，是有時機性的限制，因爲在減損陽剛，增益陰柔，也是有時機性的限制。天地的運行，在損、益、盈、虛，都有它一定的變化規則與時機的限制，因此要順著天道，與時而行，不可妄自違逆。

〈彖辭・益〉：「益動而巽，日進無疆。天施地生，其益無方。凡益之道，與時偕行」。

爲了增益衆生而能巽順行動，所以就能夠日月進益，乃至於無窮，就好像蒼天以雲雨、陽光、風和空氣施惠於大地，讓萬物生生不息，它所增益是沒有範圍的，所以舉凡增益之道，應該隨時機合宜而順行的。

〈彖辭・姤〉：天地相遇，品物咸章也。剛遇中正，天下大行也。姤之時義大矣哉！

天地之間相互遇合，使得天下所有萬物皆章明而美好。九五至尊之君既中且正，可以大行志業於天下。姤遇的時機合宜，意義是非常重大的。

〈彖辭・革〉：「天地革而四時成，湯武革命，順乎天而應乎人。革之時義大矣哉！」

天地間日月不停的改變，而有四季春夏秋冬的運行，商湯和周武王的革命，不但順於天道，又適應於人們的需求。革命必須順應天時、地利、人和、所以它的時機合宜，是有很重大的意義。

〈彖辭・旅〉：「旅，小亨，柔得中乎外，而順乎剛，止而麗乎明，是以小亨，旅貞吉也。旅之時義大矣哉！」

旅行在外，爲求處處亨通，必須如六五以柔順的態度對外行動，艮止得當附麗於文明，這是最基本要求亨通的條件，在旅途之中務必堅守貞正的原則，進退得宜。所以旅途之中的時機合宜，意義是相當重大的。

以上共十六卦，均特別強調，如何掌握動靜的時機，能掌握動靜時機，就能辨明吉凶，這就是「智」的表現。能辨吉凶，就能運用於具體行動上，這就是「勇」的表現。於具體的行動中獲得預期的成功，而不邀功，這就是「仁」的表現。具備了智、仁、勇三種美德，即可行使於空闊無涯的人際中，而無所畏怯，眞正達到了「趨吉避凶」的理想境界。

三、人生哲學

《周易・繫辭傳下》：「吉凶者，貞勝者也。天地之道，貞觀者也。日月之道，

貞明者也。天下之動，貞夫一者也。」

前面這一段的意思說：時空雖有吉有凶，但重點在於守正，人定可勝天，於人事上必可立於不敗之地。至於天地之間的自然運行，是要眞正觀察而效法。日月的道理，是以其不變的光明，普照萬物，無私無偏，使萬物各自暢生。天下的一切動作行爲，都要歸於道，自然就有所成就。以下試舉七個卦爻與人生哲學有關的探討：

(1)〈中孚・九二〉：**「鶴鳴在陰，其子和之。我有好爵，吾與爾靡之。」**

象曰：「其子和之，中心願也。」

鶴是很稀有的動物，在我們的認知是一種長壽的象徵，也象徵著吉祥，人因此模仿白鶴的動作與呼吸，尤其是練氣功如華佗五禽之戲，其中就有一招「鶴展雙翅」。太極拳內亦有一招叫「白鶴亮翅」等。所謂見賢思齊，只要對人類有貢獻的都將是模仿的對象，難怪鶴鳴在陰暗之處，其子自然就能應和，顯然是心靈的共鳴，好的榜樣，就會有發自內心的追隨與支持，也因爲如此才能成就事業，有如現在的慈濟功德會爲台灣帶來國際舞台上的正面評價。

所謂：「有福同享」。有如我有好酒，與好朋有一起喝。我有好東西，請大家一起吃。並達到酒逢知己千杯少，不醉不歸；人逢知己半句多，一吐爲快。這是《易經》的人生哲學，在〈中孚・九二〉表露無遺，主要的用意在於創造共享共榮的生活境界。

(2)〈同人・九五〉：「同人先號咷而後笑。」

象曰：「同人之先，以中直也。」

子曰：「君子之道，或出或處，或默或語，二人同心，其利斷金，同心之言，其臭如蘭。」（註六十九）

先號咷而後笑，是〈同人九五〉爻的爻辭，九五爻是處在帝王的尊位，就像在人生中的最佳狀況，得其時又得其位，時間、空間恰到好處。俗語說：運氣有夠好。但在這之前必有一段辛酸的遭遇，正所謂：有命不怕運來磨，秉持著中道的精神勇往直前，必可如願。

孔子說：如何做好君子的道理，有「出、處、語、默」四個字。在人生當中就是出、處的問題最難處理。這是兩性有如《易經》錯卦原理，同人䷌與師䷆是相錯，立場是相對的。就像不同政黨拔擢人才，到底去與不去處於兩難之間，這是屢見不鮮的事。再來就是語、默的相對問題，也就是表態支持與否，就像美國對伊拉克出兵，就讓一些國家陷於兩難之間，不知如何是好。所以最好的辦法就是要同心合

力，像刀子的快速俐落，連黃金都切得斷。同樣的思想與觀點發出同樣的心聲，它所散發出了的味道，就像蘭花般的香永遠存在。孔子用同人卦九五的爻辭來引伸人生「不經一番寒澈骨，焉得梅花撲鼻香」的同人境界。這也是值得我們學習與效法的團結就是力量的一大明證。

(3)〈**大過．初六**〉：「**藉用白茅，無咎。**」

象曰：藉用白茅，柔在下也。

子曰：「苟錯諸地而可矣，藉之用茅，何咎之有？愼之至也，夫茅之爲物薄而不可重也。愼斯術也以往，其無所失矣！」（註七十）初六，藉用白茅，無咎，這是大過卦初爻的爻辭。只要卜到大過必有不祥之兆，如在學學生犯錯記三大過，遭開除學籍處分；一般公務人員常見的有警務人員犯法記二大過免職處分，一下子什麼都沒有了，可知後果的嚴重性。所以在大過之初有應變的措施，古人在祭祀的時候要用白茅襯底以示敬重，藉用白茅的道理也就在此。這一爻祭祀的意義，在於精神的慰藉，想藉著神明的力量提供更好的補救措施，但要能放下身段爲前提。

孔子說：「無咎者，善補過也」。要知道反省自己，不可責備他人，必須認錯，多做檢討，這是無咎兩個字給人生的一種啓示，務必積極始可遠害。

舉凡薦獻之物置於地，藉用白茅以示愼重，就像禮物的包裝紙一樣，看起來就比較有價值感。雖然白色茅草不是很貴重，但用在必要的地方，也變得有其重要性。這樣的形容重點在於表示愼重。三國時代孔明一生惟有謹愼再謹愼，誠如留下後世流傳的〈出師表〉便可窺其行事之風範。凡事只要能用得恰當，即便是一株茅草，也能得到重用。所以一個人一生做事，隨時要謹愼小心，謹愼就是最好的手段也是方法。方法用對了就可以成就大事業了。

(4)〈謙．九三〉：**「勞謙君子，有終吉。」**

象曰：「勞謙君子，萬民服也。」

子曰：「勞而不伐，有功而不德，厚之至也。語以其功下人者也。德言盛，禮言恭。謙也者，致恭以存其位者也。」（註七十一）

勞謙君子有終，吉。這是謙卦九三爻的爻辭。謙卦的卦象是山上有塊平地，形容一個人到了最高處，就要平實，不要認為自己是最高的，這就是謙的道理。在六十四卦當中唯有謙卦爻皆吉。九三爻是唯一的陽爻，物以稀為貴，所以此爻是最好的境界，但是上面有個「勞」字，勞謙的意是，隨時隨地自己要辛勞、要小心、要努力，內心要謙虛，才會有很好的後果，才能夠大吉大利。由於致力於勞謙的結果，可讓萬

民臣服。如大禹治水三過其門而不入等等，皆是勞謙的榜樣。

孔子說，有功勞而不誇耀，有功績而不以爲有恩德，是爲敦厚之至。所以說以其有功勞猶謙下於人呀。德是稱讚其有英明的盛德，禮是稱讚其有恭敬的心，謙虛就是表現在恭敬的態度以確保其地位也。在唐明皇時代的郭子儀大將軍，基本上是已符合到孔子的要求。郭子儀在當時是朝野中外都非常敬重的人，因爲他做到「勞謙」，所以最後以福祿壽考俱全終其一生，這就是君子有終，吉。最佳的寫照。

(5)**〈乾．上九〉：「亢龍有悔。」**

象曰：「亢龍有悔，盈不可久也。」

子曰：「貴而無位，高而無民，賢人在下位而無輔，是以動而有悔也。」（註七十二）

亢龍有悔是乾卦上九的爻辭，象徵著在高亢極點的龍，要做好悔過的準備。所謂：「高處不勝寒」，也就是心裡要有所盤算。權力會使人腐化，一旦握有權力，有如既得利益，很難輕易鬆手，但在事實上想要完全掌握確是很難。老子《道德經》說：「持而盈之，不如其已。揣而銳之，不可常保。金玉滿堂莫之能守。富貴而驕，自遺其咎，功成名遂，身退，天之道。」這一段話是在告誡我們舉凡一切有形的東西都是過眼雲煙，沒有一件是可以永遠擁有的，更何況是崇高的地位。

孔子說，過於尊貴就等於沒有地位，就好像連任二屆總統以後再也沒有什麼地位可坐一樣。太高高在上就沒有人民敢接近，就等於沒有左右手，這是表示有賢德的人都處在下位，獨自高高在上，而得不到好的輔佐，所以行動起來就有悔了。

這一段爻辭特別說明了在高位者的共同毛病，指出地位愈高，愈感受到孤立與無奈。亢龍有悔可以引伸到一個人作爲爲人處世利人利己，進德修業的一種借鏡。

(6)〈節．初九〉：「不出門庭。無咎。」

象曰：「不出戶庭，知通塞也。」

子曰：「亂之所生也，則言語以爲階，君不密則失臣，臣不密則失身，幾事不密則害成，是以君子愼密而不出也。」（註七十三）

「不出戶庭，無咎。」這是節卦初九爻的爻辭，節卦的卦象是坎水在上，兌澤在下，具有調節水位的功能，有如水庫爲蓄養萬民，平常都是只進而不出，這樣才能儲備不時之需。從這象意引伸到人文的生活，修養不到成熟是不出家門，才可以免咎。直到已經成熟階段，能知通塞，就可出門了。這是對於時機的處置的一種引喻，處在準備階段，不可輕易放出風聲，這在商場是很重要的。

孔子說，禍亂之所以會產生，就是以言語做爲階梯的。國君不知保密則失去臣子，臣子不保密則失去生命，機密的事情不保密則造成災害，所以做爲一個君子是要謹愼守密而不洩漏機密。

俗語說：「病從口入，禍從口出」。很多事情的失敗都是因爲不懂保密所致。愛講話的人，造成是非自然就會多；這只是一般小老百姓如此，更何況身居高位，所造成的後果更不堪設想。言者無心，聽者有意，言談之間是要處處小心，每個人的思想與解讀都不盡相同，愛之則欲之生，恨之則欲之死。我們看到歷史上的例子，大臣向皇帝上奏摺，都不敢輕易的示於人，而且要諫言，甚至要叫家臣備上棺材，萬一不得皇上歡心，要有備死的準備，可見謹言愼行與保密的重要性。用在我們當下的環境，是會影響基本生計的，尤其一些小祕方如製作原味豆花的過程都是非親人是不易傳授的，因爲這是他求生的飯碗，何況世風日下，盜取之風如此之盛，不可不誡啊！

(7)〈**解．六三**〉：「**負且乘，致寇至。貞吝。**」

象曰：「負且乘，亦可醜也。自我致戎，又誰咎也。」

子曰：作易者其知盜乎？易曰：負且乘，致冠至。負也者，小人之事也；乘也者，君子之器也。小人而乘君子之器，盜思奪之矣。上慢下暴，盜思伐之矣。慢藏誨

盜，冶容誨淫。易曰：負且乘，致寇至。盜之招也。負且乘，致寇至。（註七十四）負且乘，致寇至，這是解卦六三爻的爻辭。形容一個背負著行李，又乘在車子上，像這樣不搭配的人，是會引來盜賊的掠奪，看就覺得是很鄙吝的。象辭上說，既背著行李又乘在車上，這是很醜惡的，是因爲自己的行爲使自己遭遇到兵戎的掠奪，又能怪罪誰呢？

孔子說，作《易經》的人，大概知道引起強盜的原因啊！《易經》解卦六三說：背負著行李，而且乘在車上，勢必招來盜賊的掠奪。背負行李，應該是小人做的事；乘在車上，本是君子爲了治理天下而乘坐的器具，今小人卻乘君子之器具，大盜必欲掠奪它。爲上者傲慢，爲下者暴虐，大盜必有侵犯其國之心。漫藏財富，引發盜寇掠奪之心，女人妖冶其容貌必然遭來壞人的淫辱。《易經》說：負且乘，致寇至，就是說自己招來寇盜的意思呀！

造成社會諸多問題的現象，與平常顯現於外的行爲是有相對關係的，比如說身上穿戴著珠光寶氣，又沒有保鑣隨行，還故意炫耀，這不等於向盜賊在打招呼？還有就是一心想作發財夢，也不自審能力有多少，本身外行非僱用他人不行，結果讓人有機可乘，害了自己，也連累別人犯罪，眞是情何以堪。再者是打扮的花枝招展，還故意

拋媚眼，引人遐思，又引人犯罪，這些都是自己招來的，引誘而來的，休怨得了人家。

以上是將《易經》運用在人生哲學的七大提示，必須好好的深思，中孚的心心相印，同人的精誠團結，大過的借力使力，謙卦的勞謙有終，乾卦的亢龍有悔，節卦的謹言愼行，解卦的人自作孽，其中正面的意義有五卦，負面的有二卦。老子《道德經》，「故善人者，不善人師。不善人者，善人之資。不貴其師，不愛其資。雖智大迷，是謂要妙。」（註七十五）

因爲善人是不善人的老師，不善人是善人的借鏡。不尊重他們的老師，不愛惜他們借鏡的資源，即使是非常大智的人也會變得迷糊。所以善人與不善人之間的關係是相當重要而微妙的。

人生哲學不也就是在善與不善之間如何去拿捏與推敲，掌握得宜，必能運用自如，呈現在眼前的事物與場景，盡是美好而無瑕的。

四、大衍之數（十八變）

《周易・繫辭傳上》：「大衍之數五十，其用四十有九。分而爲二以象兩，掛一以象三，揲之以四象四時，歸奇以扐以象閏，五歲再閏，故再扐而後卦。……是故四營而成《易》，十有八變而成卦，八卦而小成。引而伸之，觸類而長之，天下之能事畢矣。顯道神德行，是故可與酬酢，可與祐神矣。」

蓍筮的程序說明：首先在我們起心動念筮卦之前，必須先靜心，默禱心中的疑惑，以祈神明解惑之道。

接著算好五十根蓍草（可用替代品），從中取出一根，放著不用（潛龍勿用），這就是「大衍之數五十，其用四十有九」。大就是廣大，無所不包。衍與演，演繹相通；大衍的意思就是將宇宙的自然運行演繹於其中。

「分而爲二以象兩」，演的時候，雙手把四十九根蓍草，隨意分做兩堆，象徵著陰陽，陰陽有別也這是效法天地的道理，也就是太極生兩儀的意思，這是第一次經營。

「掛一以象三」，接著用右手邊的筮草一根，掛在左手小指與無名指之間。象徵天、地、人三才的關係，這是第二次的經營。

「揲之以四，以象四時」，揲就是算（數），把左邊的蓍草每四根一組，以象春、夏、秋、冬四時，分到最後，會有餘數或一或二或三或四，這是第三次經營的前半段。

「歸奇於扐以象閏」，左邊的蓍草，分到最後，把剩餘的蓍草或一根、或二根、或三根、或四根，扐於左手無名指與中指之間，扐就是剩餘的蓍草，這是第四次經營的前半段。

然後再將原來右邊所分的一半，用相同的算法，歸扐於左手的中指與食指之間，這就是第四次經營的後半段，歸奇於扐以象閏。奇就是其餘四揲以後所剩的策。「五歲而再閏，故再扐而後卦」，五年之中有兩個閏月，這樣兩扐以象徵五歲再閏。（所以黃曆十九年陽曆與陰曆的生日會出現相同的道理就是在此。例如民國四十七年陽曆九月六日合陰曆七月二十三日。歷十九年到民國六十六年剛好陽曆是九月六日，陰曆七月二十三日。）然後將掛於左手的蓍草取出，非五即九，即完成一變，就是所謂再扐而后掛。復將左右堆的蓍草（非四十即四十四）合之再順分二象兩至再扐后桂之爲行之，將左手指之數（非四即八）取出。是第二變。再將左右堆的蓍草合之，再順前面的次序，後將掛于左手的蓍草取出（非四及八）是第三變。復將左右堆的蓍草合之如三十六根（九）則爲老陽記以「口」三十二根（八）爲少陰，記以「⚋」二十八根（七）爲少陽，記以「⚊」二十四根（六）爲老陰，記以「✕」的符號。由是三變成一爻，十八變即成一卦。占斷的方法，是以老陰、老陽爲主，若沒有出現老陽與老陰

則與卦辭來占斷，這是簡單的占斷原則。（註七十六）

這種衍算的方法雖然比較繁瑣，但根據筆者的經驗，每次經由大衍之數所求出的卦象，都能切合疑惑的所在，進而知道解惑之理。一分的耕耘自有一分的收穫，道理亦在此。

聖人作《易經》，畫八卦以概括萬事萬物的現象，僅能小成而已。引而延伸之，順其同類而推求之，增長之，就構成六十四卦，三百八十四爻，組合成一部《易經》，可使道術顯現於天下，使它的德行神妙難測，因此可以應酬於人世間，處理紛雜的問題，時時感受到有神明的參與祐助。

子曰：「知變化之道者，其知神之所為乎？」（註七十七）

孔子說：「能了解《易經》變化道理的人，豈不就能知道神的所做所為了嗎？」所以我們懂得了《易經》數理變化的法則，進而去驗證，就可知道這一套《易經》是具有科學性的，絕不是迷信。只怕你不用，用了自然更能悟透其中之奧妙。

第三節「象數」於現代生活中的實際應用

實事例證一

觀音佛祖會，地契鬧雙包案

近萬坪土地價值兩億多，地契鬧雙包，纏訟十三年，內湖觀音佛祖神明會近兩個曾酬後代拿出清朝、日據時代文件，證明所有權。（註七十八）

經黃姓友人之請託，爲這一件事借用大衍之數來探詢究竟。同個神明會，相差百餘年，甲方說成立在清乾隆時期，乙方說在日據時代設立。由於歷史文件，警方不鑑定，缺乏可比對的正本，技術上難辨眞僞。

筆者分別爲甲方與乙方各占筮一卦，日期是癸未年農曆二月十七日甲申旬，地點本服務處，卜筮內容：貞問內湖觀音佛祖神明會地契所有權的眞僞。卜筮工具：祭拜過的香腳（竹製品）。

卜筮結果：甲方依序是八七八八八七。主卦山水蒙。沒有老陽與老陰，所以直接以掛爻辭來占斷。

辭曰：蒙，亨。匪我求童蒙，童蒙求我。初筮，告，再三，瀆，瀆則不告。利貞。

按宋・朱熹《周易本義》占辭內容如下：蒙，昧也，物生之初，蒙昧未明也。其卦以坎遇艮，山下有險，蒙之地也；內險外止，蒙之意也，故其名為「蒙」。九二內卦之主，以剛居中，能發人之蒙者，而以六五陰陽相應，故遇此卦者，有亨道也。我，二也。童蒙，幼稚而蒙昧，謂五也。筮者明則人當求我而其亨在人；筮者暗，則我當求人而亨在我。人求我者，當視其可否而應也；我求人者，當致其精一而扣之。而明者之童蒙，與蒙者之自養，又皆利於正也。（註七十九）

卜筮結果：乙方依序是六九八八八七。

主卦：山水蒙。初爻老陰，九二爻老陽。

變卦：山雷頤

〈蒙・初六〉：發蒙，利用刑人，用說桎梏；以往，吝。

象曰：「利用刑人」，以正法也。

以陰居下，蒙之甚也。占者遇此，當發其蒙。然發之之道，當痛懲而暫舍之，以觀其後；若遂往而不舍，則致羞吝矣。戒占者當如是也。發蒙之初，法不可不正，懲戒所以正法也。

〈蒙．九二〉：包蒙，吉。納婦，吉。子克家。

四、十五變五爻餘二十八根，除以四等於七，為少陽。十六、十七、十八變六爻餘三十二根。

象曰：「子克家」，剛柔接也。

九二以陽剛為內卦之主，統治群陰，當發蒙之任者。然所治既廣，物性不齊，不可一概取之。而爻之德，剛而不過，為能有所包容之象。又以陽受陰，為「納婦」之象。又居下位而能任上事，為「子克家」之象。故占者有其德而當如是而吉也。（註八十）

〈☶☳頤〉：貞吉。觀頤，自求口實。

頤，口旁也，口食物以自養，故為養義。為卦上下二陽內含四陰，外實內虛，上止下動，為頤之象，養之義且「貞吉」，占者得正則吉。「觀頤」，謂觀其所養之道：「自我口實」，謂觀其所以養身之術，皆得正則吉也。（註八十一）

由以上的占例，對照自由時報所登的狀況大致吻合，甲方的卜筮結果是不變的〈蒙〉，蒙昧未明，直到土地已被乙方登記完成，將要出售過戶前，甲方其中一成員委託黃姓代書過戶其名下的土地，意外的發現觀音佛祖神明會的土地已被過戶了，衆人皆不敢相信。最後才一狀告到法庭。至今已十三年，在纏訟的過程中，乙方等五人因無法提出購地證明，因而分別被法官判刑一年。但後來乙方又使盡渾身解數又被判無罪。但刑法部分雖已確定，可是民事部分正在開始進行中。

若從乙方的卜筮結果是〈蒙〉之〈頤〉，卦中一再的提醒，端正的問題，以及自求口實，不是靠自己所爭來的，不會有多好的結果。官司在未定案前，乙方至少已經過世兩個，眞是不幸。（並非年紀很大）。

實事例證二

張小姐：三十三歲，證券業，占問壬午年財運如何開源，衍如下：一、二、三變初爻餘二十四根，除以四，等於六爲老陰，值變之爻。四、五、六變二爻餘三十二根，除以四等於八，爲少陰。七、八、九變三爻餘三十二根，除以四等於八，爲少陰。十、十一、十二變四爻餘二十八根，除以四等於七，爲少陽。十三、十四、十五變五爻餘二十八根，除以四等於七，爲少陽。十六、十七、十八變六爻餘三十一根，除以四等於八，爲少陰。

卦式如左：

澤地萃

八七七八八六

初爻動

變卦：澤雷隨

卦解曰：天地數五十五減四十四（八七七八八六），等於十一，在第二爻，不值變之爻，所以初爻在老陰只能參考，還必須配合主卦及變卦。

余曰：張小姐大衍之術，主卦澤地萃，卦辭：「萃，亨。王假有廟，利見大人。亨，利貞，用大牲吉，利有攸往。」白話爲：想求開源必須找有組織的地方，有影響力的人去拜見，用利益均霑的態度與有力人士分享，逐步去進行必大有斬獲。參考初六：「有孚不終，乃亂乃萃。若號。一握爲笑，勿恤，往无咎。」

白話爲：要有誠信，要有始終，起初有點亂，見面三分情，輕輕一握手，便知有誠否，不用擔憂，前後不會有過錯。參考變卦澤雷隨，卦辭：「隨，元亨，利貞，无咎。」白話爲：隨時隨地，尋找目標，可將過去信用不好的客戶淘汰掉，重新找更理想的客戶，自然就不會有過咎。後來眞的如卦象顯示，迎刃而解。

實事例證三

林先生於九十一年二月九日問學習《易經》之道。

用米卦起得：初抓：十一代數三離（取上卦）

再抓：十一代數三離（取下卦）

第三次：九粒代數三（取動爻數）

得卦：離為火—動三爻。經文：離，利貞，亨。畜牝牛。吉。

卦解：（大原則）

A：財福康寧：光明事業，生生不息。

B：人緣機遇：發揚光大，培養人才。

爻辭：九三：日昃之離，不鼓缶歌。則大耋之嗟。凶。

爻解：（行動方針）

A：財福康寧：日漸衰退，亡羊補牢。

B：人緣機遇：人無遠慮，必有近憂。

事實：林先生之家人學習亦有多年，彷彿卦解提醒他應共同學習《易經》，產生共同的語言，針對任何問題，即可由共鳴中化掉一些不必要的爭論，所謂家和萬事興，這就是易經最好的媒介。經過了這一次的占卜以後，夫妻之間遇到爭論之事，也

就不再各堅持己見，而僵持不下。

實事例證四

陳文輝先生住台北縣新莊，於九十一年二月二十一日問：學習五禽戲功法對人體健康幫助如何？

用米卦起得：初抓：十三代數五巽（取上卦）

再抓：十一代數三離（取下卦）

第三次：七粒代數一（取動爻數）

得卦：風火家人—動初爻

經文：家人。利女貞。

卦解：（大原則）

A：財福康寧：從家做起，尤利女性。

B：人緣機遇：用女主管，有利占問。

爻辭：初九：閑有家，悔亡。

爻解：（行動方針）

A：財福康寧：有備無患，從小練起。

B：人緣機遇：手藝嫺熟，自然無憂。

事實：陳老師希望透過《易經》的角度，來理解學習五禽戲之要領，得此占更證明。若能從小練起，更見其效，在家中即可練習，並且更適合女性，旨在強健身體，遠離病痛。統計結果女性練成比較容易。

實事例證五

林先生於九十一年二月九日問：入道教學院上課成長學習是否適宜？

用米卦起得：初抓：十二粒代數四震（取上卦）

再抓：十二粒代數四震（取下卦）

第三次：十一粒代數五震（取動爻數）

得卦：震爲雷—動五爻

經文：震、亨。震來虩虩，笑言啞啞。震驚百里，不喪匕鬯。

卦解：（大原則）

A：財福康寧：根基健全，不受影響。

B：人緣機遇：面對突然，應變自如。

爻辭：六五：震往來厲，億無喪有事。

爻解：（行動方針）

A：財福康寧：嚴重衝擊，尚有要事。

B：人緣機遇：雄心壯志，接受考驗。

事實：林先生於二年前事業上遭受嚴重之衝擊，但他直覺尚有要事未完成，所以興起自我提升的念頭，等待接受考驗完成壯志的機會，所幸身根基穩固，稍作休息，即可再出發而不嫌太遲，這是《易》占的啟示，獲益匪淺。

實事例證六

莊小姐三十九歲，住台北市，服務於金融業，於九十一年一月三日問當天股市走勢？

用米卦起得：初抓：十一代數三離（取上卦）

再抓：四代數四震（取下卦）

第三次：八粒代數二（取動爻數）

得卦：火雷噬嗑－動二爻

經文：亨，利用獄。

卦解：（大原則）

A：財福康寧：法律途徑，正本清源。

B：人緣機遇：依法行事，不談感情。

爻辭：六二：噬膚滅鼻，无咎。

爻解：（行動方針）

A：財福康寧：從容應付，不可輕忽。

B：人緣機遇：提防交往，得寸進尺。

事實：股市漲勢已久，擔心反轉暫時回檔，可能上下震盪激烈，爲此特占一卦，因此卦有抗爭現象須從容應付，故先出脫部分股票，當天下跌七十三點收於五五二六點，隔天又回漲，後勢亦提防變卦，不可輕忽盤勢、隨勢觀望、隨勢操作，以立於不敗之地，《易》之妙也。

實事例證七

郭先生於辛巳年十二月（丑）十八日（戊戌）甲午旬空辰巳。占問兒子的安危？

用神：子孫　月建：丑　日神：戊戌　得澤風大過卦

朱雀　青龍　玄武　白虎　呈蛇　勾陳

（伏午）

未酉亥酉亥丑

〃、、、、〃

身　世　應

才官父官父才

震宮（木）遊魂世四

卦解曰：用神子孫伏在父爻亥水之下，亥水是飛神，午火是伏神，絕在亥，謂之伏絕於飛爻。此不吉之一，又入墓於日，此不吉之二，又問子孫，不得，父母持世此不吉之三，又日、月來剋世必連累父母，又卦身逢月破，就以上諸多因素顯示不平安，所以祈求上蒼保佑，償以告，望吉人自有天相。卜卦的意義在於知道吉凶悔吝，先讓心理有個底，不要一下子去接受事實，才可以減輕沖擊的力量，是以從容應變，如此之思維特別有助於心靈脆弱者之善信。所以筆者個人經驗從自占的過程中，體會到相當多，腦袋裡所想不到的過程與結果，都在應驗中，因而處置得宜，大事化小，小事化無。

以上七個實例請參閱拙著《學會易經—占卜的第一本書》。

第四章 《易經》如何被廣泛運用

第四章　《易經》如何被廣泛運用

第一節　象徵「道教」的圖騰

道教是以「道」爲最崇高之信仰準則。《周易・繫辭傳上》：「一陰一陽之謂道。繼之者善也，成之者性也，仁者見之謂之仁，知者見之謂之知，百姓日用而不知。」

道教在產生與發展的過程中受到《周易》義理與象數的影響相當的大，尤其是太極圖更具代表性，幾乎所有代表道教的道廟不管在神明的雕刻上以及建築上，太極圖是不可或缺的。道士在行法上的絳衣除了太極圖外，還配上八卦的畫象，但一般百姓只知道這是太極八卦，並不知道這是《周易》的起源，眞所謂的百姓自用而不知。

雖然《周易》表現的鬼神思想並不是很明顯，但所記載的巫術，如〈巽・九二〉：「巽在床下，用史巫紛若，吉，無咎。」。廣被道教所延用。《周易》認爲，卜筮可以決疑惑，斷吉凶。巫師能交通鬼神。爲了讓信仰者能趨吉避凶的護身符，最常見的是配帶八卦的圖象，八卦的作用是「以通神明之德，以類萬物之情。」讓佩帶者在心裡產生安全感，自然無所畏懼。心安理自得，行、住、坐、臥自能順心如意。

在坊間的房子如碰到路沖或煞或遇見鬼怪之事，通常會安置八卦鏡以達避邪之功。在材料上的選擇有很多種，一般以銅製的比較多，主要的原因是不易損壞與對外，若要對外避邪卦象就要朝外，鎮宅用一般屬對內，卦象就要朝內，所以在選購時就必須分辨之。

「太極圖」從抽象到具體象意，是最符合《老子・道德經》闡述的五千文，其中以「道生一、一生二、二生三、三生萬物，萬物負陰而抱陽。」最具代表性。所以道教在建構自己的宇宙世界時，最主要就是藉助《周易》的太極與卦象圖式來因應以衍生至今的多神教。這是在所有宗教中所沒有的現象。

第二節、《易經》融入太極拳

《周易・繫辭傳上》曰：「一陰一陽之謂道。繼之者善也，成之者性也。仁者見之謂之仁，知者見之謂之知，百姓日用而不知。故君子之道鮮矣。」

一陰一陽的往來變化是萬事萬物發展的基本規律，這就是所謂的道。道也就是「太極」，理乘氣機以出入，一陰一陽，氣之變化，即太極之理，陰陽之氣不斷的運行而日新也，所以稱之為道。太極拳是藉由陰陽之道而延伸。

繼續陰陽的道理而產生宇宙的萬事萬物的就是「善」，成就萬事萬物的是天命的本「性」，也就是所謂的「善性」。

賦有仁德之人發現這樣的道理，生生不息就是所謂的「仁」。太極拳必須勤於練習而學道。

天賦聰明賢達的人體察到這樣的道理，融會貫通，就是所謂的「知」。太極拳必須經由體悟而悟道。

一般百姓遵循這樣的道理於日常中生活使用，而不知道，所以君子的道是能含蓋萬有，為萬物的根源，而能夠知道這些仁智之道人鮮少也。太極拳的境界實在太高了，不是一般人所能想像的。

《周易・繫辭傳下》曰：「……變動不居，周流六虛，上下無常，剛柔相易，不可為典要，惟變所適。其出入以度，外內使知懼。」

太極拳運用《周易》三易的原理，其中變易是最為關鍵的所在，也就是變動不

定，周流於上下左右前後六方，忽上忽下沒有常形，一剛一柔相互迭換，不是一成不變的動作，是以不變而應萬變的道理融入其中。動作舒緩，以柔克剛，由內而形於外，由下而上，節節貫串，毫不費力，平正均勻，純任自然，長久修鍊，內能強身，外能禦敵，人生無有所懼也。

太極的陰陽思維，運用到太極拳的實踐中體會，如何動與靜、虛與實、剛與柔、升與降、又要陽中有陰，陰中有陽，陰陽五行為根，剛柔相摩盪，陰陽相既濟的地步，才能算是「懂勁」。

所以太極拳的整個思維模式，均離不開《周易》的道理，就像老子《道德經》經由莊子再闡釋出來的境界，是有異曲同工之妙。

第三節、《周易》是發財之道源

《周易·繫辭傳上》：「是故《易》有太極，是生兩儀，兩儀生四象，四象生八卦，八卦定吉凶，吉凶生大業。」古人說：「小富從儉，有了一塊，存下來變兩塊，變四塊，變八塊，變六十四塊，若要大富就要靠天助了。」

「太極」是宇宙演化的開始，萬事萬物都有太極，太極必有中心，中心就是標的、主題、主宰、自我、具體的空間。學習任何技能，也是先學得一，自然而然就會有二，有二就有三。古諺說無三不成禮。所以「太極」就是一，也就是道，凡事有太極，萬事自然會積極。只要掌握一，從無中生妙有，就會衍化到無窮無盡。如我在練習五禽之戲、太極拳當時的情形，就是先學會第一招，很自然地信心十足，肯定可以學會。因爲會了第一招，師父就很樂意再教第二招，所以有了太極，心中就會更積極。讀者不妨也可體驗一下，掌握太極的好處，再來彼此分享。

「兩儀」是由一生二，即所謂陰儀、陽儀凡是都具有陰陽兩面，互相對立，互相激長。如日月、晝夜、虛實、黑白、正反、進退、剛柔、大小、男女、上下、卑微、有無等等。《周易・繫辭傳上》：「一陰一陽之謂道。」做生意不是賺就賠，爲什麼會賺。成功有條件，失敗有原因，如果能透析陰陽的道理，所謂的「賺」、「賠」還不是定論，因爲生意還在做，最重要的要記取教訓與經驗，人生能在小挫敗時，得到寶貴的經驗才是最重要。歷史有名的漢高祖劉邦能藉力使力，而躍登爲第一位平民皇帝，反觀項羽竟要自刎於烏江，而無顏以見江東父老呢！這就道盡了一個人能屢善用陰陽的道理所在。這只是一例，在我週遭所看到比比皆是，每每爲了爭一口氣，而做

出悔不當初的衝動，只因不懂一陰一陽之謂道。

「四象」是四種現象，由最抽象的老陽、老陰、少陽、少陰，到四季的替變如春、夏、秋、冬。還有《周易》的四德：元、亨、利、貞具體的象徵。人生雖離不開生、老、病、死，有生就有死，這是必然的結果。要如何活得有意義才是最重要。莊子說：「盡其天年，要熊經鳥伸，吐故納新。」意思是說要效法大自然的動物導引舒展筋骨，呼吸新鮮空氣，每天早睡早起，就能延年益壽，遠離病痛，所謂：「健康就是財富」。

春耕、夏耘、秋收、冬藏，所謂：「一分耕耘一分收穫。」世上沒有不勞而獲的道理。古人說血汗錢才能牢靠，意外之財難能久留，怎麼來怎麼去，一語道破世俗的迷思。至於元、亨、利、貞在整個《周易》來說幾乎每一個卦辭或爻辭都時常出現。《周易・文言傳》：「元者善之長也、亨者嘉之會也、利者義之和也、貞者事之幹也。」人只要秉持善念的心出發，必定福報會有所增長，自然一切阻礙會減少，來加入善行的人愈聚愈多，所謂人脈就是金脈，化資源成有利的資產總和，眞眞正正的幹事，抱持著創業惟艱，守成不易，堅持到底的決心，就可達到元、亨、利、貞四德富足康樂的完美境界，誰能說《周易》不是發財之道源呢？

第五章 結論

第五章 結 論

宏觀整體的全方位的思考可以說是《易經》的精義內涵所在。而宏觀整體的思維模式，就必須藉用前人的智慧來加以發揮。

《易經》的緣起是要讓我們知道它的演化過程，在不同的時代有不同的思考模式，從黃帝、堯、舜、禹、湯、殷商、文、武、周公至春秋戰國的歷史背景與《易經》的淵源各有不同，所以《易》有三易，連山、歸藏、周易，一般均認為《連山易》是以夏朝的游牧生活為背景，卦以〈艮〉山為首，如今的史料已亡佚無從考起。再說《歸藏易》是以商朝的農牧生活的背景，卦以〈坤〉地為首，如今的史料也已亡佚，無從考起。《周易》是現今通行本最齊全的經典，根據研究，《周易》經文大體出於西周時期，其卦辭部分幾乎多屬占辭。而爻辭除作為占辭外，部分內容易反映出作者在人生哲理上的省思。在《竹書紀年》一書中，清楚的記載武丁三十二年伐鬼方，三十四年克鬼方，前後剛好三年（註八十二），與《周易》〈未濟・九三〉〈既濟・九四〉占辭一樣都有伐鬼方的記載，此是一證。至於人生哲理的如《革・初九》：「鞏用黃牛之革」。因為黃牛的皮革是非常的堅韌，一旦鞏固就不容易脫落，

引申到當時順天應人的革命，一旦下定決心，就不容易鬆動而反悔。諸如這樣的爻辭是佔大多數，最適合當今二十一世紀資訊化的時代，可作爲參考與體悟。另外的一說，《易》有三易，就是不易、變易、簡易。以筆者接觸《周易》數年，當以〈簡易〉最爲實在，一般讀者要從研究到會應用，有如鳳毛麟角。所以化繁爲簡是當務之急。沒有親身實證之筮卦例證，是很難理解箇中奧妙，筆者試著整理出一套《學會易經—占卜的第一本書》以供參考。

《易經》的體用有如在運用《孫子兵法》，很多人一提到《易經》除了哦哦驚嘆兩聲之外，就聯想到搞「權謀」或「卜卦」。事實上《易經》是在提示人生最佳應世、處事的法則。智慧高的人懂了《易經》，可將重大的事情處理好，除了利人尚可利己；平庸的人明白《易經》的道理，至少可以緩和自己的緊張，對問題加以思索而得以化解。重要的是，《易經》基本上是不可能幫助壞人爲惡。〈師・上六〉：「大君有命，開國承家，小人勿用。」（註八十三）反而是在幫助君子。《周易・繫辭傳下》：「是故君子居則觀其象而玩其辭，動則觀其變而玩其占，是以自天祐之吉无不利。」此段話已經很清楚的告訴我們，行爲偏激的人大可好好的利用《易經》來處理人世間的問題，有老天爺來庇佑。老子《道德經・七十九章》也說「天道無親，常與

善人」。所以還是做善人比較好，除了可以利用《易經》，還可以得到老天爺的保佑，何樂而不爲？

《易經》又如何地被廣泛運用呢？這可以分爲正面與負面兩方面，營利與非營利兩種類型來說。在正面的部分，一般適用在道教宮廟作爲圖騰，最多的是先天「八卦圖」、道家養生的周易「參同契」、各門各派的「太極拳」、「八卦拳」等。至於負面的就是媒體和雜誌對一般政治以及知名的人物所發生的誹聞或醜聞所做的報導，通通爲「八卦新聞」。筆者認爲，始作俑者將此不雅的事，套進《易經》八卦裡，眞是不妥。再說營利的部分，以風水師幫人擇地看陰陽宅、算命卜卦測運勢、安八卦制煞等最爲耳熟能詳，所謂花錢消災，有燒香就有保佑，有吃藥就有行氣，心誠則靈，心理治療勝過藥物治療。最後談到非營利性的作用，有隨身佩帶的「八卦符」，有用《易經》的哲理爲人指點迷津，讓人開悟的「哲人」（指附設在宮廟講《易經》的老師）。據筆者在坊間的了解，宮廟雖知道八卦，但對易經與八卦的聯繫了解並不多，在這一方面水準是有待提升的。《易經》又爲何是發財的道源呢？誠如「書中自有黃金屋」，「書中自有顏如玉」的典故一樣，去熟讀《易經》，運用《易經》，讓體用結合成一體，化腐朽爲神奇，將錯誤的抉擇減少，自然成功的機率就相對加大。所謂知己知彼「百戰百勝」，這也就是筆者體驗出來的發財之道。

《周易》對於一個初學道的人是方便法門。因莊子在〈養生主〉這篇的開始就說：我們的生命是有限的，而且知識是無窮盡的，想要以有限的生命去追求無窮盡的知識，那就不是精神所能負荷了。所以必須藉用《周易》的義理與象數來幫忙解決人生所面臨的各種繁複的問題，如此一來就比較容易了。

呂純陽祖師說：「修性不修命，修行第一病。」誠如有人學了一輩子的《易經》，但不知如何使用在日常生活當中，一旦發生問題，就茫然不知所措，所以也不能有太大的成就。因爲他沒有辦法領悟到宇宙的眞理，所以對於《周易》的應用就不會靈活。一個眞正懂得運用《周易》的人就必須要能貫通、徹悟，圓滿；悟有頓漸，學「易」是要漸進，是有方法，需要有經驗的先知指點，才能明其大要，就能得到入手的工夫。

爲什麼很多人尚無法相信《周易》的科學性呢？

葛洪《抱朴子・論仙篇》或問曰：「神仙不死，信可得乎？」抱朴子答曰：「雖有至明，而有形者不可畢見焉。雖稟極聰，而有聲者不可盡聞焉。雖有大章、豎亥之足，而所常履者，未若所不履之多。」（註八十四）

引用葛洪在〈論仙篇〉的問答來做為詮釋，有人問說：「神仙不死的方法，可以相信嗎？」抱朴子回答說：「雖然有些人眼力非常好，但對於看得見的有形物體，也無法全都看得見。雖然有些人天生極端聰明，聽力很好，對於所能聽到的聲音，也無法完全聽到。雖然有人像大章、豎亥有善於健行之雙足，但是他們所走過的地方，還不如沒有走過的地方多。」所以無法相信《周易》有其科學性是可理解的。

學《周易》以致用。對此古今中外的天文、曆法、數學、律呂、醫學（子午流注）、軍事、建築、藝術等等都有所體現，而且成就非凡。

西漢的《內經》體現了醫學陰陽思維模式。

《黃帝內經》云：「陰陽者天地之道也。萬物之綱紀，變化之父母，生殺之本始，神明之府也。治病必求於本。」（註八十五）

用陰陽的理論，來說明天地萬物的變化，最後引伸到醫學上診治疾病，說明辨別陰陽的重要，大可到天地萬物，細到人身皮毛，以至人身疾病的辨症治療，均可以這一陰陽學說來論證，所以《內經》是首先應用《易經》者。

東漢的《周易參同契》將人體與宇宙構成互度的模式。

《周易參同契》云：「壬癸配甲乙，乾坤括始終。七八數十五，九六亦相應。四

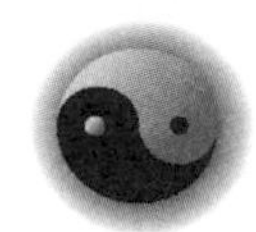

者合三十，陽氣索滅藏。八卦布列曜，運移不失中。」（註八十六）

運用八卦納甲的模式與天象相對應，如月亮的圓缺，陰陽兩氣的循環，八方分布的星曜，雖然都在周圍旋轉運動，總不離失其天心的樞紐。這就是內丹功運轉河車。氣聚丹田，仿照天氣運用的創始者。

以上所舉的致用，至今仍綿延不斷，貢獻之大不可言喻。筆者將稟持創作之心，潛心研究，望能寫出「深入淺出」、「學以致用」的著作，以供同好找出方便之法門，作為畢生的職志。

第六章 附錄一《易經、彖傳、象傳、文言》

第六章　附錄一《易經、彖傳、象傳、文言》

乾：☰☰

乾上乾下。元亨利貞

初九。潛龍勿用。

九二。見龍在田，利見大人。

九三。君子終日乾乾，夕惕若，厲，无咎。

九四。或躍在淵，无咎。

九五。飛龍在天，利見大人。

上九。亢龍有悔。

用九見群龍无首吉

彖曰：大哉乾元，萬物資始，乃統天。雲行雨施，品物流形。大明終始，六位時成，時乘六龍以御天，乾道變化，各正性命，保合大和，乃利貞。首出庶物，萬國咸寧。

象曰：天行健，君子以自強不息。

潛龍勿用，陽在下也。

見龍在田，德施普也。

終日乾乾，反復道也。

或躍在淵，進无咎也。

飛龍在天，大人造也。

亢龍有悔，盈不可久也。

用九，天德不可爲首也。

《文言》曰：元者，善之長也。亨者，嘉之會也。利者，義之和也。貞者，事之幹也。君子體仁，足以長人，嘉會足以合禮，利物足以和義，貞固足以幹事，君子行此四德者，故曰乾元亨利貞。

初九曰潛龍勿用，何謂也？子曰：龍德而隱者也，不易乎世，不成乎名，遯世无悶，不見是而无悶，樂則行之，憂則違之，確乎其不可拔，潛龍也。

九二曰見龍在田，利見大人，何謂也？子曰，龍德而正中者也。庸言之信，庸行之謹。閑邪存其誠，善世而不伐，德博而化。《易》曰見龍在田，利見大人，君德也。

九三曰君子終日乾乾，夕惕若，厲，无咎，何謂也？子曰：君子進德脩業，忠信所以進德也，脩辭立其誠，所以居業也。知至至之，可與幾也，知終終之，可與存義也。是故居上位而不驕，在下位而不憂，故乾乾因其時而惕，雖危无咎矣。

九四曰或躍在淵，无咎，何謂也？子曰：上下无常，非爲邪也；進退无恆，非離群也；君子進德脩業，欲及時也。故无咎。

九五曰飛龍在天利見大人，何謂也？子曰：同聲相應，同氣相求，水流濕，火就燥，雲從龍，風從虎，聖人作而萬物覩。本乎天者親上，本乎地者親下，則各從其類也。

上九曰亢龍有悔，何謂也？子曰：貴而无位，高而无民，賢人在下位而无輔，是以動而有悔也。

潛龍勿用，下也。

見龍在田，時舍也。

終日乾乾，行事也。

或躍在淵，自試也。

飛龍在天，上治也。

亢龍有悔，窮之災也。

乾元用九，天下治也。

潛龍勿用，陽氣潛藏。

見龍在田，天下文明。

終日乾乾，與時偕行。

或躍在淵，乾道乃革。

飛龍在天，乃位乎天德。

亢龍有悔，與時偕極。

乾元用九，乃見天則。

乾元者，始而亨者也。利貞者，性情也。乾始能以美利利天下，不言所利，大矣哉。

大哉乾乎，剛健中正，純粹精也。

六爻發揮，旁通情也。

時乘六龍以御天也。雲行雨施，天下平也。

君子以成德爲行，日可見之行也，潛之爲言也，隱而未見，行而未成，是以君子弗用也。

君子學以聚之，問以辯之，寬以居之，仁以行之，易曰見龍在田，利見大人，君德也。

九三。重剛而不中，上不在天，下不在田，故乾乾因其時而惕，雖危无咎矣。

九四。重剛而不中，上不在天，下不在田，中不在人，故或之，或之者，疑之也，故无咎。

夫大人者，與天地合其德，與日月合其明，與四時合其序，與鬼神合其吉兇，先天而天弗違，後天而奉天時，天且弗違，而況於人乎？況於鬼神乎？

亢之爲言也，知進而不知退，知存而不知亡，知得而不知喪，其唯聖人乎！知進退存亡，而不失其正者，其唯聖人乎！

坤：☷☷

坤下坤上

坤，元亨利牝馬之貞。君子有攸往，先迷後得，主利，西南得朋，東北喪朋，安

貞吉。

彖曰：至哉坤元，萬物資生，乃順承天，坤厚載物，德合无疆。含弘光大，品物咸亨，牝馬地類，行地無疆，柔順利貞，君子攸行。先迷失道，後順得常，西南得朋，乃與類行，東北喪朋，乃終有慶，安貞之吉，應地无疆。

象曰：地勢坤，君子以厚德載物。

初六。履霜，堅冰至。

象曰：履霜堅冰，陰始凝也，馴致其道，至堅冰也。

六二。直方大，不習，无不利。

象曰：六二之動，直以方也，不習，无不利，地道光也。

六三。含章可貞，或從王事，无成有終。

象曰：含章可貞，以時發也。或從王事，知光大也。

六四。括囊，无咎，无譽。

象曰：括囊无咎，愼不害也。

六五。黃裳，元吉。

象曰：黃裳元吉，文在中也。

上六。龍戰于野，其血玄黃。

象曰：龍戰于野，其道窮也。

用六，利永貞。

象曰：用六永貞，以大終也。

文言曰：坤，至柔而動也剛，至靜而德方。後得主而有常，含萬物化光，坤道其順乎，承天而時行。

積善之家，必有餘慶；積不善之家，必有餘殃。臣弒其君，子弒其父，非一朝一夕之故；其所由來者漸矣，由辨之不早辨也。易曰：履霜堅冰至，蓋言順也。

直其正也，方其義也，君子敬以直內，義以方外，敬義立而德不孤，直方大，不習无不利，則不疑其所行也。

陰雖有美含之，以從王事，弗敢成也，地道也，妻道也，臣道也，地道无成，而代有終也。

天地變化，草木蕃，天地閉，賢人隱，易曰括囊无咎无譽，蓋言謹也。

君子黃中通理，正位居體，美在其中，而暢於四支，發於事業，美之至也。

陰疑於陽，必戰，爲其嫌於无陽也，故稱龍焉；猶未離其類也，故稱血焉；夫玄

黃者，天地之雜也，天玄而地黃。

屯：䷂

震下坎上

屯。元亨利貞，勿用有攸往，利建侯。

彖曰：屯，剛柔始交而難生，動乎險中。大亨貞，雷雨之動滿盈。天造草昧，宜建侯而不寧。

象曰：雲雷，屯。君子以經綸。

初九。盤桓，利居貞，利建侯。

象曰：雖磐桓，志行正也。以貴下賤，大得民也。

六二。屯如邅如，乘馬班如，匪寇，婚媾，女子貞不字，十年乃字。

象曰：六二之難，乘剛也。十年乃字，反常也。

六三。即鹿无虞，惟入于林中，君子幾，不如舍往吝。

象曰：即鹿无虞，以從禽也，君子舍之，往吝窮也。

六四。乘馬班如，求婚媾，往吉，无不利。

象曰：求而往明也。

九五。屯其膏，小貞吉，大貞凶。

象曰：屯其膏，施未光也。

上六。乘馬班如，泣血漣如。

象曰：泣血漣如，何可長也。

蒙：䷃

坎下艮上

蒙。亨，匪我求童蒙，童蒙求我，初筮告，再三瀆，瀆則不告，利貞。

象曰：蒙，山下有險，險而止，蒙。蒙亨，以亨行，時中也。匪我求童蒙，童蒙求我，志應也。初筮告，以剛中也，再三瀆，瀆則不告，瀆蒙也。蒙以養正，聖功也。

象曰：山下出泉，蒙，君子以果行育德。

初六。發蒙，利用刑人，用說桎梏，以往吝。

象曰：利用刑人，以正法也。

九二。包蒙吉，納婦吉，子克家。

象曰：子克家，剛柔接也。

六三。勿用，取女見金夫，不有躬，无攸利。

象曰：勿用取女，行不順也。

六四。困蒙吝。

象曰。困蒙之吝，獨遠實也。

六五。童蒙，吉。

象曰：童蒙之吉，順以巽也。

上九。擊蒙，不利爲寇，利禦寇。

象曰：利用禦寇，上下順也。

需：☵☰

乾下坎上

需。有孚，光亨貞吉，利涉大川。

彖曰：需，須也，險在前也，剛健而不陷，其義不困窮矣。需，有孚，光亨貞

吉，位乎天位以正中也。利涉大川，往有功也。

象曰：雲上於天。需，君子以飲食宴樂。

初九。需于郊，利用恆，无咎。

象曰：需于郊，不犯難行也，利用恆，无咎，未失常也。

九二。需于沙，小有言，終吉。

象曰：需于沙，衍在中也，雖小有言，以吉終也。

九三。需于泥，致寇至。

象曰：需于泥，災在外也，自我致寇，敬慎不敗也。

六四。需于血，出自穴。

象曰：需于血，順以聽也。

九五。需于酒食，貞吉。

象曰：酒食貞吉，以中正也。

上六。入于穴，有不速之客三人來，敬之終吉。

象曰：不速之客來，敬之終吉，雖不當位，未大失也。

訟：䷅

坎下乾上

訟，有孚窒，惕中吉，終凶。利見大人，不利涉大川。

彖曰：訟，上剛下險，險而健，訟。訟，有孚窒，惕中吉，剛來而得中也。終凶。訟不可成也。利見大人，尚中正也。不利涉大川，入于淵也。

象曰：天與水違行，訟，君子以作事謀始。

初六。不永所事，小有言，終吉。

象曰：不永所事，訟不可長也。雖小有言，其辯明也。

九二。不克訟，歸而逋其邑人三百戶，无眚。

象曰：不克訟，歸逋竄也。自下訟上，患至掇也。

六三。食舊德，貞，厲終吉。或從王事，无成。

象曰：食舊德，從上吉也。

九四。不克訟，復即命，渝安貞，吉。

象曰：復即命，渝安貞，不失也。

九五。訟，元吉。

象曰：訟元吉，以中正也。

上九。或錫之鞶帶，終朝三褫之。

象曰：以訟受服，亦不足敬也。

師：䷆

坎下坤上

師貞，丈人吉，无咎。

彖曰：師衆也，貞正也，能以衆正，可以王矣。剛中而應，行險而順。以此毒天下，而民從之，吉又何咎矣。

象曰：地中有水，師，君子以容民畜衆。

初六。師出以律，否臧凶。

象曰：師出以律，失律凶也。

九二。在師中，吉，无咎，王三錫命。

象曰：在師中吉，承天寵也。王三錫命，懷萬邦也。

六三。師或輿尸，凶。

象曰：師或輿尸，大无功也。

六四。師左次，无咎。

象曰：左次无咎，未失常也。

六五。田有禽，利執言，无咎，長子帥師，弟子輿尸，貞凶。

象曰長子帥師，以中行也，弟子輿尸，使不當也。

上六。大君有命，開國承家，小人勿用。

象曰：大君有命，以正功也，小人勿用，必亂邦也

比：䷇

坤下坎上

比，吉，原筮元永貞，无咎。不寧方來，後夫凶。

彖曰：比，吉也，比，輔也，下順從也。原筮元永貞无咎，以剛中也。不寧方來，上下應也。後夫凶，其道窮也。

象曰：地上有水，比，先王以建萬國親諸侯。

初六。有孚，比之，无咎。有孚盈缶，終來有它吉。

象曰：比之初六，有它吉也。

六二。比之自內，貞吉。

象曰：比之自內，不自失也。

六三。比之匪人。

象曰：比之匪人，不亦傷乎。

六四。外比之，貞吉。

象曰：外比於賢，以從上也。

九五。顯比，王用三驅，失前禽，邑人不誡，吉。

象曰：顯比之吉，位正中也。舍逆取順，失前禽也。邑人不誡，上使中也。

上六：比之无首，凶。

上六：比之无首，凶。

象曰：比之无首，无所終也。

小畜：䷈

乾下巽上

小畜亨，密雲不雨，自我西郊。

彖曰：小畜，柔得位而上下應之，曰小畜。

健而巽，剛中而志行，乃亨。

密雲不雨，尚往也，自我西郊，施未行也。

象曰：風行天上，小畜，君子以懿文德。

初九。復自道，何其咎，吉。

象曰：復自道，其義吉也。

九二。牽復，吉。

象曰：牽復在中，亦不自失也。

九三。輿說輻，夫妻反目。

象曰：夫妻反目，不能正室也。

六四。有孚，血去惕出，无咎。

象曰：有孚惕出，上合志也。

九五。有孚攣如，富以其鄰。

象曰：有孚攣如，不獨富也。

上九。既雨既處，尚德載，婦貞厲。

月幾望，君子征凶。

象曰：既雨既處，德積載也，君子征凶，有所疑也。

履：䷉

兌下乾上

履虎尾，不咥人，亨。

彖曰：履，柔履剛也，說而應乎乾，是以履虎尾，不咥人，亨。

剛中正，履帝位而不疚，光明也。

象曰：上天下澤，履，君子以辯上下，定民志。

初九。素履往，无咎。

象曰：素履之往，獨行願也。

九二。履道坦坦，幽人貞吉。

象曰：幽人貞吉，中不自亂也。

六三。眇能視，跛能履，履虎尾，咥人凶，武人爲于大君。

象曰：眇能視，不足以有明也，跛能履，不足以與行也。咥人之凶，位不當也，武人爲于大君，志剛也。

九四。履虎尾，愬愬終吉。

象曰：愬愬，終吉，志行也。

九五。夬履貞厲。

象曰：夬履貞厲，位正當也。

上九。視履考祥，其旋元吉。

象曰：元吉在上，大有慶也。

泰：䷊

乾下坤上

泰。小往大來，吉亨。

彖曰：泰。小往大來，吉亨。則是天地交而萬物通也，上下交而其志同也。內陽而外陰，內健而外順，內君子而外小人，君子道長，小人道消也。

否：☰☷

象曰：天地交，泰。后以財成天地之道，輔相天地之宜，以左右民。

初九。拔茅茹，以其彙征吉。

象曰：拔茅征吉，志在外也。

九二。包荒，用馮河，不遐遺，朋亡，得尙于中行。

象曰：包荒，得尙于中行，以光大也。

九三。无平不陂，无往不復，艱貞无咎，勿恤其孚，于食有福。

象曰：无往不復，天地際也。

六四。翩翩不富，以其鄰，不戒以孚。

象曰：翩翩不富，皆失實也，不戒以孚，中心願也。

六五。帝乙歸妹，以祉元吉。

象曰：以祉元吉，中以行願也。

上六。城復于隍，勿用師，自邑告命，貞吝。

象曰：城復于隍，其命亂也。

坤下乾上

否之匪人。

不利君子貞，大往小來。

彖曰：否之匪人，不利君子貞，大往小來，則是天地不交，而萬物不通也，上下不交，而天下无邦也。內陰而外陽，內柔而外剛，內小人而外君子，小人道長，君子道消也。

象曰：天地不交，否，君子以儉德辟難，不可榮以祿。

初六。拔茅茹以其彙，貞吉，亨。

象曰：拔茅貞吉，志在君也。

六二。包承，小人吉，大人否亨。

象曰：大人否亨，不亂群也。

六三。包羞。

象曰：包羞，位不當也。

九四。有命，无咎，疇離祉。

象曰：有命，无咎，志行也。

九五。休否，大人吉，其亡，其亡，繫于苞桑。

象曰：大人之吉，位正當也。

上九，傾否，先否後喜。

象曰：否終則傾，何可長也。

同人：䷌

離下乾上

同人，于野，亨。利涉大川，利君子貞。

彖曰：同人，柔得位、得中而應乎乾，曰同人。

同人曰。

同人于野，亨，利涉大川，乾行也。

文明以健，中正而應，君子正也。

唯君子爲能通天下之志。

象曰：天與火，同人，君子以類族辨物。

初九，同人于門，无咎。

象曰：出門同人，又誰咎也。

六二。同人于宗，吝。

象曰。同人于宗，吝道也。

九三。伏戎于莽，升其高陵，三歲不興。

象曰：伏戎于莽，敵剛也，三歲不生，安行也。

九四。乘其墉，弗克攻，吉。

象曰：乘其墉，義弗克也，其吉，則困而反則也。

九五。同人，先號咷而後笑，大師克相遇。

象曰：同人之先，以中直也。大師相遇，言相克也。

上九。同人于郊，无悔。

象曰：同人于郊，志未得也。

大有：☲☰

乾下離上

大有，元亨。

彖曰：大有，柔得尊位，大中而上下應之，曰大有。

其德剛健而文明，應乎天而時行，是以元亨。

象曰：火在天上，大有，君子以遏惡揚善，順天休命。

初九。无交害，匪咎，艱則无咎。

象曰：大有初九，无交害也。

九二。大車以載，有攸往，无咎。

象曰：大車以載，積中不敗也。

九三。公用亨于天子，小人弗克。

象曰：公用亨于天子，小人害也。

九四。匪其彭，无咎。

象曰：匪其彭无咎，明辯晳也。

六五。厥孚交如，威如，吉。

象曰：厥孚交如，信以發志也，威如之吉，易而无備也。

上九。自天祐之，吉，无不利。

象曰：大有上吉，自天祐也。

謙：䷎

艮下坤上

謙，亨，君子有終。

彖曰：謙，亨，天道下濟而光明，地道卑而上行。

天道虧盈而益謙。

地道變盈而流謙。

鬼神害盈而福謙。

人道惡盈而好謙。

謙尊而光，卑而不可踰，君子之終也。

象曰：地中有山，謙，君子以裒多益寡，稱物平施。

初六，謙謙君子，用涉大川，吉。

象曰：謙謙君子，卑以自牧也。

六二。鳴謙，貞吉。

象曰：鳴謙貞吉，中心得也。

九三。勞謙，君子有終，吉。

象曰：勞謙君子，萬民服也。

六四。无不利，撝謙。

象曰：无不利撝謙，不違則也。

六五。不富以其鄰，利用侵伐，无不利。

象曰：利用侵伐，征不服也。

上六。鳴謙，利用行師，征邑國。

象曰：鳴謙，志未得也，可用行師，征邑國也。

豫：☳☷

坤下震上

豫，利建侯行師。

彖曰：豫，剛應而志行，順以動，豫。

豫順以動，故天地如之，而況建侯行師乎。

天地以順動，故日月不過而四時不忒，聖人以順動，則刑罰清而民服。

豫之時義大矣哉。

象曰：雷出地奮，豫，先王以作樂崇德，殷薦之上帝，以配祖考。

初六。鳴豫，凶。

象曰：初六鳴豫，志窮凶也。

六二。介于石，不終日，貞吉。

象曰：不終日貞吉，以中正也。

六三。盱豫，悔。遲有悔。

象曰。盱豫有悔，位不當也。

九四。由豫，大有得，勿疑，朋盍簪。

象曰：由豫，大有得，志大行也。

六五。貞疾，恆不死。

象曰：六五。貞疾，乘剛也，恆不死，中未亡也。

上六。冥豫，成有渝，无咎。

象曰：冥豫在上，何可長也。

隨：☳☱

震下兌上

隨，元亨，利貞，无咎。

彖曰：隨，剛來而下柔，動而說，隨。大亨貞，无咎，而天下隨時。

隨時之義大矣哉。

象曰：澤中有雷，隨，君子以嚮晦入宴息。

初九。官有渝，貞吉，出門交有功。

象曰：官有渝，從正吉也。

出門交有功，不失也。

六二。係小子，失丈夫。

象曰：係小子，弗兼與也。

六三。係丈夫，失小子，隨有求得，利居貞。

象曰：係丈夫，志舍下也。

九四。隨有獲，貞凶，有孚在道以明，何咎。

象曰：隨有獲，其義凶也，有孚在道，明功也。
九五。孚于嘉，吉。
象曰：孚于嘉，吉，位正中也。
上六。拘係之，乃從維之，王用亨于西山。
象曰：拘係之，上窮也。

蠱：☶☴

巽下艮上

蠱。元亨，利涉大川。
先甲三日，後甲三日。
彖曰：蠱，剛上而柔下，巽而止蠱。
蠱元亨，而天下治也。
利涉大川，往有事也。
先甲三日，後甲三日，終則有始，天行也。
象曰：山下有風，蠱，君子以振民育德。

初六。幹父之蠱，有子，考无咎，厲終吉。
象曰：幹父之蠱，意承考也。
九二。幹母之蠱，不可貞。
象曰：幹母之蠱，得中道也。
九三。幹父之蠱，小有悔，无大咎。
象曰：幹父之蠱，終无咎也。
六四。裕父之蠱，往見吝。
象曰：裕父之蠱，往未得也。
六五。幹父之蠱，用譽。
象曰：幹父用譽，承以德也。
上九。不事王侯，高尚其事。
象曰：不事王侯，志可則也。

臨：䷒

兌下坤上

臨，元亨利貞。

至于八月有凶。

彖曰：臨，剛浸而長，說而順，剛中而應，大亨以正，天之道也。

至于八月有凶，消不久也。

象曰：澤上有地，臨，君子教思无窮，容保民无疆。

初九。咸臨，貞吉。

象曰：咸臨貞吉，志行正也。

九二。咸臨，吉无不利。

象曰：咸臨，吉无不利，未順命也。

六三。甘臨，无攸利，既憂之，无咎。

象曰：甘臨，位不當也，既憂之，咎不長也。

六四。至臨，无咎。

象曰：至臨无咎，位當也。

六五。知臨，大君之宜，吉。

象曰：大君之宜，行中之謂也。

上六。敦臨，吉，无咎。

象曰：敦臨之吉，志在內也。

觀：䷓

坤下巽上

觀，盥而不薦，有孚顒若。

彖曰：大觀在上，順而巽，中正以觀天下。觀，盥而不薦，有孚顒若，下觀而化也。觀天之神道，而四時不忒，聖人以神道設教，而天下服矣。

象曰：風行地上，觀，先王以省方、觀民、設教。

初六。童觀，小人无咎，君子吝。

象曰：初六童觀，小人道也。

六二。闚觀，利女貞。

象曰：闚觀女貞，亦可醜也。

六三。觀我生，進退。

象曰：觀我生進退，未失道也。

六四。觀國之光，利用賓于王。

象曰：觀國之光，尙賓也。

九五。觀我生，君子无咎。

象曰：觀我生，觀民也。

上九。觀其生，君子无咎。

象曰：觀其生，志未平也。

噬嗑：䷔

震下離上

噬嗑，亨，利用獄。

彖曰：頤中有物，曰噬嗑、噬嗑而亨。

剛柔分，動而明，雷電合而章。

柔得中而上行，雖不當位，利用獄也。

象曰：雷電，噬嗑，先王以明罰敕法。

初九。屨校滅趾，无咎。

象曰：屨校滅趾，不行也。

六二。噬膚滅鼻，无咎。

象曰：噬膚滅鼻，乘剛也。

六三。噬臘肉遇毒，小吝，无咎。

象曰：遇毒，位不當也。

九四。噬乾胏，得金矢，利艱貞，吉。

象曰：利艱貞吉，未光也。

六五。噬乾肉，得黃金，貞厲，无咎。

象曰：貞厲无咎，得當也。

上九。何校滅耳，凶。

象曰：何校滅耳，聰不明也。

賁：䷕

離下艮上

賁，亨，小利有攸往。

彖曰：賁亨，柔來而文剛，故亨。分剛上而文柔，故小利有攸往，天文也，文明以止，人文也。

觀乎天文以察時變。

觀乎人文以化成天下。

象曰：山下有火，賁，君子以明庶政，无敢折獄。

初九。賁其趾，舍車而徒。

象曰：舍車而徒，義弗乘也。

六二。賁其須。

象曰：賁其須，與上興也。

九三。賁如濡如，永貞，吉。

象曰：永貞之吉，終莫之陵也。

六四。賁如皤如，白馬翰如，匪寇婚媾。

象曰：六四，當位疑也，匪寇婚媾，終无尤也。

六五。賁于丘園，束帛戔戔，吝，終吉。

象曰：六五之吉，有喜也。

上九。白賁，无咎。

象曰：白賁无咎，上得志也。

剝：☶☷

坤下艮上

剝，不利有攸往。

彖曰：剝，剝也，柔變剛也，不利有攸往，小人長也。順而止之，觀象也，君子尚消息盈虛，天行也。

象曰：山附於地，剝，上以厚下安宅。

初六。剝牀以足，蔑貞凶。

象曰：剝牀以足，以滅下也。

六二。剝牀以辨，蔑貞凶。

象曰：剝牀以辨，未有與也。

六三。剝之，无咎。

象曰：剝之，无咎，失上下也。

六四。剝牀以膚，凶。

象曰：剝牀以膚，切近災也。

六五。貫魚以宮人寵，无不利。

象曰：以宮人寵，終无尤也。

上九。碩果不食，君子得輿，小人剝廬。

象曰：君子得輿，民所載也；小人剝廬，終不可用也。

復：䷗

震下坤上

復，亨，出入无疾，朋來无咎。

反復其道，七日來復，利有攸往。

彖曰：復，亨。剛反，動而以順行，是以出入无疾，朋來无咎。

反復其道，七日來復，天行也；利有攸往，剛長也；復其見天地之心乎！

象曰：雷在地中，復。先王以至日閉關，商旅不行，后不省方。

初九。不遠復，无祇悔，元吉。
象曰：不遠之復，以脩身也。
六二。休復，吉。
象曰：休復之吉，以下仁也。
六三。頻復，厲，无咎。
象曰：頻復之厲，義无咎也。
六四。中行獨復。
象曰：中行獨復，以從道也。
六五。敦復，无悔。
象曰：敦復无悔，中以自考也。
上六。迷復，凶，有災眚，用行師，終有大敗，以其國君凶，至于十年不克征。
象曰：迷復之凶，反君道也。

无妄：☰☳

震下乾上

无妄，元亨利貞，其匪正有眚，不利有攸往。

彖曰：无妄，剛自外來而爲主於內。動而健，剛中而應，大亨以正，天之命也。其罪正有眚，不利有攸往，无妄之往，何之矣，天命不祐，行矣哉。

象曰：天下雷行，物與无妄，先王以茂對時育萬物。

初九。无妄，往吉。

象曰：无妄之往，得志也。

六二。不耕穫，不菑畬，則利有攸往。

象曰：不耕穫，未富也。

六三。无妄之災，或繫之牛，行人之得，邑人之災。

象曰：行人得牛，邑人災也。

九四。可貞，无咎。

象曰：可貞无咎，固有之也。

九五。无妄之疾，勿藥有喜。

象曰：无妄之藥，不可試也。

上九。无妄，行有省，无攸利。

象曰：无妄之行，窮之災也。

大畜：䷙

乾下艮上

大畜，利貞，不家食，吉，利涉大川。

彖曰：大畜剛健，篤實輝光，日新其德。剛上而尚賢，能止健，大正也。不家食吉，養賢也；利涉大川，應乎天也。

象曰：天在山中，大畜，君子以多識前言往行，以畜其德。

初九。有厲，利已。

象曰：有厲利已，不犯災也。

九二。輿說輹。

象曰：輿說輹，中无尤也。

九三。良馬逐，利艱貞，曰閑輿衛，利有攸往。

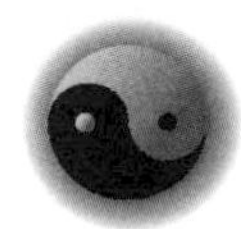

象曰：利有攸往，上合志也。

六四。童牛之牿，元吉。

象曰：六四元吉，有喜也。

六五。豶豕之牙，吉。

象曰：六五之吉，有慶也。

上九。何天之衢，亨。

象曰：何天之衢，道大行也。

頤：☶☳

震下艮上

頤，貞吉，觀頤，自求口實。

彖曰：頤，貞吉，養正則吉也，觀頤，觀其所養也；自求口實，觀其自養也。

天地養萬物，聖人養賢以及萬民，頤之時大矣哉！

象曰：山下有雷，頤，君子以愼言語，節飲食。

初九。舍爾靈龜，觀我朶頤，凶。

象曰：觀我朵頤，亦不足貴也。

六二。顚頤，拂經，于丘頤，征凶。

象曰：六二征凶，行失類也。

六三。拂頤，貞凶，十年勿用，无攸利。

象曰：十年勿用，道大悖也。

六四。顚頤，吉，虎視眈眈，其欲逐逐，无咎。

象曰：顚頤之吉，上施光也。

六五。拂經，居貞吉，不可涉大川。

象曰：居貞之吉，順以從上也。

上九。由頤，厲吉，利涉大川。

象曰：由頤厲吉，大有慶也。

大過：䷛

巽下兌上

大過，棟橈，利有攸往，亨。

彖曰：大過，大者過也。

棟橈，本末弱也。

剛過而中，巽而說行，利有攸往，乃亨。

大過之時大矣哉。

象曰：澤滅木，大過，君子以獨立不懼，遯世无悶。

初六。藉用白茅，无咎。

象曰：藉用白茅，柔在下也。

九二。枯楊生稊，老夫得其女妻，无不利。

象曰：老夫女妻，過以相與也。

九三。棟橈，凶！

象曰：棟橈之凶，不可以有輔也。

九四。棟隆，吉，有它吝。

象曰：棟隆之吉，不橈乎下也。

九五。枯楊生華，老婦得其士夫，无咎无譽。

象曰：枯楊生華，何可久也老婦士夫，亦可醜也。

上六。過涉滅頂，凶，无咎。
象曰：過涉之凶，不可咎也。

坎：䷜

坎下坎上

習坎，有孚，維心亨，行有尚。
彖曰：習坎，重險也，水流而不盈，行險而不失其信。
維心亨，乃以剛中也。
行有尚，往有功也。
天險不可升也，地險山川丘凌也，王公設險以守其國，險之時大矣哉。
象曰：水洊至，習坎，君子以常德行，習教事。
初六。習坎，入于坎窞，凶。
象曰：習坎入坎，失道凶也。
九二。坎有險，求小得。
象曰：求小得，未出中也。

六三。來之坎坎，險且枕，入于坎窞，勿用。
象曰：來之坎坎，終无功也。
六四。樽酒簋，貳，用缶，納約自牖，終无咎。
象曰：樽酒簋，貳，剛柔際也。
九五。坎不盈，祇既平，无咎。
象曰：坎不盈，中未大也。
上六。係用徽纆，寘于叢棘，三歲不得，凶。
象曰：上六失道，凶三歲也。

離：☲☲

離下離上

離，利貞，亨，畜牝牛，吉。
彖曰：離，麗也，日月麗乎天，百穀草木麗乎土。
重明以麗乎正，乃化成天下。，
柔麗乎中正，故亨，是以畜牝牛吉也。

象曰：明兩作，離，大人以繼明照于四方。

初九。履錯然，敬之，无咎。

象曰：履錯之敬，以辟咎也。

六二。黃離，元吉。

象曰：黃離元吉，得中道也。

九三。日昃之離，不鼓缶而歌，則大耋之嗟，凶。

象曰：日昃之離，何可久也。

九四。突如其來如，焚如，死如，棄如。

象曰：突如其來如，无所容也。

六五。出涕沱若，戚嗟若，吉。

象曰：六五之吉，離王公也。

上九。王用出征，有嘉。

折首，獲匪其醜，无咎。

象曰：王用出征，以正邦也。

咸：䷞

艮下兌上

咸，亨，利貞，取女吉。

彖曰：咸，感也，柔上而剛下，二氣感應以相與，止而說，男下女，是以亨利貞，取女吉也。

天地感而萬物化生，聖人感人心而天下和平，觀其所感，而天地萬物之情可見矣。

象曰：山上有澤，咸，君子以虛受人。

初六。咸其拇。

象曰：咸其拇，志在外也。

六二。咸其腓，凶，居吉。

象曰：雖凶居吉，順不害也。

九三。咸其股，執其隨，往吝。

象曰：咸其股，亦不處也，志在隨人，所執下也。

九四。貞吉，悔亡，憧憧往來，朋從爾思。

象曰：貞吉悔亡，未感害也。憧憧往來，未光大也。

九五。咸其脢，无悔。

象曰：咸其脢，志末也。

上六。咸其輔頰舌。

象曰：咸其輔頰舌，滕口說也。

恒：䷟

巽下震上

恒，亨，无咎，利貞，利有攸往。

彖曰：恒，久也。

剛上而柔下，雷風相與，巽而動，剛柔皆應，恒。

恒，亨，无咎，利貞，久於其道也。

天地之道，恒久而不已也。

利有攸往，終則有始也。

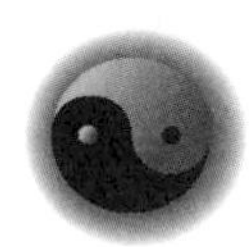

日月得天而能久照，四時變化而能久成，聖人久於其道而天下化成，觀其所恒，而天地萬物之情可見矣。

象曰：雷風，恒，君子以立不易方。

初六。浚恒，貞凶，无攸利。

象曰：浚恒之凶，始求深也。

九二。悔亡。

象曰：九二悔亡，能久中也。

九三。不恒其德，或承之羞，貞吝。

象曰：不恒其德，无所容也。

九四。田无禽。

象曰：久非其位，安得禽也。

六五。恒其德，貞，婦人吉，夫子凶。

象曰：婦人貞吉，從一而終也，夫子制義，從婦凶也。

上六。振恒，凶。

象曰：振恒在上，大无功也。

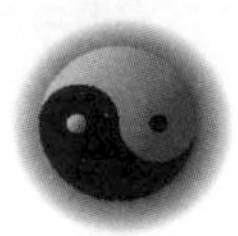

遯：䷠

艮下乾上

遯，亨，小利貞。

彖曰：遯亨，遯而亨也。剛當位而應，與時行也。小利貞，浸而長也，遯之時義大矣哉！

象曰：天下有山，遯，君子以遠小人，不惡而嚴。

初六。遯尾，厲，勿用有攸往。

象曰：遯尾之厲，不往何災也。

六二。執之用黃牛之革，莫之勝說。

象曰：執用黃牛，固志也。

九三。係遯，有疾厲，畜臣妾，吉。

象曰：係遯之厲，有疾憊也，畜臣妾吉，不可大事也。

九四。好遯，君子吉，小人否。

象曰：君子好遯，小人否也。

九五。嘉遯，貞吉。

象曰：嘉遯貞吉，以正志也。

上九。肥遯，无不利。

象曰：肥遯无不利，无所疑也。

大壯：䷡

乾下震上

大壯，利貞。

彖曰：大壯，大者壯也，剛以動，故壯。

大壯利貞，大者正也。正大而天地之情可見矣。

象曰：雷在天上，大壯，君子以非禮弗履。

初九。壯于趾，征凶，有孚。

象曰：壯于趾，其孚窮也。

九二。貞吉。

象曰：九二貞吉，以中也。
九三。小人用壯，君子用罔。貞厲，羝羊觸藩，羸其角。
象曰：小人用壯，君子罔也。
九四。貞吉，悔亡，藩決不羸，壯于大輿之輹。
象曰：藩決不羸，尚往也。
六五。喪羊于易，无悔。
象曰：喪羊于易，位不當也。
上六。羝羊觸藩，不能退，不能遂，无攸利，艱則吉。
象曰：不能退，不能遂，不詳也，艱則吉，咎不長也。

晉：☲☷

坤下離上

晉，康侯用錫馬蕃庶，晝日三接。
彖曰：晉，進也，明出地上，順而麗乎大明，柔進而上行，是以康侯用錫馬蕃庶，晝日三接也。

象曰：明出地上，晉，君子以自昭明德。

初六。晉如摧如，貞吉，罔孚，裕无咎。

象曰：晉如摧如，獨行正也。裕无咎，未受命也。

六二。晉如愁如，貞吉，受茲介福，于其王母。

象曰：受茲介福，以中正也。

六三。衆允悔亡。

象曰：衆允之，志上行也。

九四。晉如鼫鼠，貞厲。

象曰：鼫鼠貞厲，位不當也。

六五。悔亡，失得勿恤，往吉，无不利。

象曰：失得勿恤，往有慶也。

上九。晉其角，維用伐邑，厲吉，无咎，貞吝。

象曰：維用伐邑，道未光也。

明夷：䷣

離下坤上

明夷，利艱貞。

彖曰。明入地中，明夷，內文明而外柔順，以蒙大難，文王以之。利艱貞，晦其明也，內難而能正其志，箕子以之。

象曰：明入地中，明夷，君子以莅衆，用晦而明。

初九。明夷于飛，垂其翼，君子于行，三日不食，有攸往，主人有言。

象曰：君子于行義不食也。

六二。明夷，夷于左股，用拯馬壯，吉。

象曰：六二之吉，順以則也。

九三。明夷於南狩，得其大首，不可疾貞。

象曰：南狩之志，乃大得也。

六四。入于左腹，獲明夷之心，于出門庭。

象曰：入于左腹，獲心意也。

六五。箕子之明夷，利貞。

象曰：箕子之貞，明不可息也。

上六。不明晦，初登于天，後入于地。

象曰：初登於天，照四國也，後入于地，失則也。

家人：☲☴

離下巽上

家人，利女貞。

彖曰：家人，女正位乎內，男正位乎外，男女正，天地之大義也。

家人有嚴君焉，父母之謂也。

父父子子，兄兄弟弟，夫夫婦婦，而家道正，正家而天下定矣。

象曰：風自火出，家人，君子以言有物而行有恒。

初九。閑有家，悔亡。

象曰：閑有家，志未變也。

六二。无攸遂，在中饋，貞吉。

象曰：六二之吉，順以巽也。

九三。家人嗃嗃，悔厲吉，婦子嘻嘻，終吝。

象曰：家人嗃嗃，未失也，婦子嘻嘻，失家節也。

六四。富家，大吉。

象曰：富家大吉，順在位也。

九五。王假有家，勿恤，吉。

象曰：王假有家，交相愛也。

上九。有孚威如，終吉。

象曰：威如之吉，反身之謂也。

睽：☲☱

兌下離上

睽，小事吉。

彖曰：睽，火動而上，澤動而下，二女同居，其志不同行。

說而麗乎明，柔進而上行，得中而應乎剛，是以小事吉。

天地睽而其事同也，男女睽而其志通也，萬物睽而其事類也，睽之時用大矣哉。

象曰：上火下澤，睽，君子以同而異。

初九。悔亡，喪馬勿逐，自復，見惡人，无咎。

象曰。見惡人，以辟咎也。

九二。遇主于巷，无咎。

象曰：遇主于巷，未失道也。

六三。見輿曳，其牛掣，其人天且劓，无初有終。

象曰：見輿曳，位不當也，无初有終，遇剛也。

九四。睽孤，遇元夫，交孚，厲无咎。

象曰：交孚无咎，志行也。

六五。悔亡，厥宗噬膚，往何咎。

象曰：厥宗噬膚，往有慶也。

上九。睽孤，見豕負塗，載鬼一車，先張之弧，後說之弧，匪寇婚媾，往遇雨則吉。

象曰：遇雨之吉，群疑亡也。

蹇：䷦

艮下坎上

蹇，利西南，不利東北，利見大南，貞吉。

彖曰：蹇，難也，險在前也。

見險而能止，知矣哉。

蹇，利西南，往得中也。不利東北，其道窮也。

利見大人，往有也，當位貞吉，以正邦也。

蹇之時用大矣哉。

象曰：山上有水，蹇。君子以反身脩德。

初六。往蹇，來譽。

象曰：往蹇來譽，宜待也。

六二。王臣蹇蹇，匪躬之故。

象曰：王臣蹇蹇，終无尤也。

九三。往蹇，來反。

象曰：往蹇來反，內喜之也。

六四。往蹇，來連。

象曰：往蹇來連，當位實也。

九五。大蹇，朋來。

象曰：大蹇朋來，以中節也。

上六。往蹇，來碩，吉，利見大人。

象曰：往蹇來碩，志在內也，利見大人，以從貴也。

解：䷧

坎下震上

解，利西南，无所往，其來復吉，有攸往，夙吉。

彖曰：解，險以動，動而免乎險，解。

解利西南，往得衆也。

其來復吉，乃得中也。

有攸往夙吉，往有功也。

天地解而雷雨作，雷雨作而百果草木皆甲坼，解之時大矣哉！

象曰：雷雨作，解，君子以赦過宥罪。

初六。无咎。

象曰：剛柔之際，義无咎也。

九二。田獲三狐，得黃矢，貞吉。

象曰：九二貞吉，得中道也。

六三，負且乘，致寇至，貞吝。

象曰：負且乘，亦可醜也。自我致戎，又誰咎也。

九四。解而拇，朋至斯孚。

象曰：解而拇，未當位也。

六五。君子維有解，吉，有孚于小人。

象曰：君子有解，小人退也。

上六。公用射隼于高墉之上，獲之无不利。

象曰：公用射隼以解悖也。

損：䷨

兌下艮上

損。有孚，元吉，无咎，可貞，利有攸往。

曷之用？二簋可用享。

彖曰：損，損下益上，其道上行。

損而有孚，元吉，无咎，可貞，利有攸往。

曷之用，二簋可用享，二簋應有時，損剛益柔有時。

損益盈虛，與時偕行。

象曰：山下有澤，損，君子以懲忿窒欲。

初九。已事遄往，无咎，酌損之。

象曰：已事遄往，尙合志也。

九二。利貞，征凶，弗損益之。

象曰：九二利貞，中以爲志也。

六三。三人行，則損一人。一人行，則得其友。

象曰：一人行，三則疑也。

六四。損其疾，使遄有喜，无咎。

象曰：損其疾，亦可喜也。

六五。或益之十朋之龜，弗克違，元吉。

象曰：六五元吉，自上祐也。

上九。弗損益之，无咎，貞吉，利有攸往，得臣无家。

象曰：弗損益之，大得志也。

益：䷩

震下巽上

益，利有攸往，利涉大川。

象曰：益，損上益下，民說无疆，自上下下，其道大光。

利有攸往。中正有慶。

利涉大川，木道乃行。

益動而巽，日進无疆。

天施地生，其益无方。

凡益之道，與時偕行。

象曰：風雷，益，君子以見善則遷，有過則改。

初九。利用爲大作，元吉，无咎。

象曰：元吉无咎，下不厚事也。

六二。或益之十朋之龜，弗克違，永貞吉，王用享于帝，吉。

象曰：或益之，自外來也。

六三。益之用凶事，无咎。有孚中行，告公用圭。

象曰：益用凶事，固有之也。

六四。中行，告公從，利用爲依遷國。

象曰：告公從，以益志也。

九五。有孚惠心，勿問元吉，有孚惠我德。

象曰：有孚惠心，勿問之矣，惠我德，大得志也。

上九，莫益之，或擊之，立心勿恒，凶。

象曰：莫益之，偏辭也，或擊之，自外來也。

夬：䷪

乾下兌上

夬，揚于王庭，孚號有厲。

告自邑，不利即戎，利有攸往。

彖曰：夬，決也，剛決柔也。健而說，決而和。

揚于王庭，柔乘五剛也。

孚號有厲，其危乃光也。

告自邑，不利即戎，所尚乃窮也。

利有攸往，剛長乃終也。

象曰：澤上於天，夬，君子以施祿及下，居德則忌。

初九。壯于前趾，往不勝為咎。

象曰：不勝而往，咎也。

九二。惕號，莫夜有戎，勿恤。

象曰：有戎勿恤，得中道也。

九三。壯于頄，有凶。君子夬夬，獨行遇雨，若濡有慍，无咎。

象曰：君子夬夬，終无咎也。

九四。臀无膚，其行次且，牽羊悔亡，聞言不信。

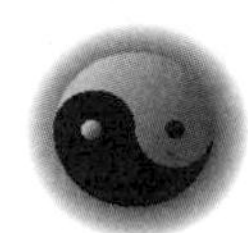

象曰：其行次且，位不當也，聞言不信，聰不明也。
九五。莧陸夬夬，中行无咎。
象曰：中行无咎，中未光也。
上六。无號，終有凶。
象曰：无號之凶，終不可長也。

姤：䷫

巽下乾上

姤，女壯，勿用取女。
彖曰：姤，遇也，柔遇剛也。
勿用取女，不可與長也。
天地相遇，品物咸章也。
剛遇中正，天下大行也。
姤之時義大矣哉。
象曰：天下有風，姤，后以施命誥四方。

萃：䷬

初六。繫于金柅，貞吉，有攸往，見凶，羸豕孚蹢躅。

象曰：繫于金柅，柔道牽也。

九二。包有魚，无咎，不利賓。

象曰：包有魚，義不及賓也。

九三。臀无膚，其行次且，厲，无大咎。

象曰：其行次且，行未牽也。

九四。包无魚，起凶。

象曰：无魚之凶，遠民也。

九五。以杞包瓜，含章，有隕自天。

象曰：九五含章，中正也。

有隕自天，志不舍命也。

上九。姤其角，吝，无咎。

象曰：姤其角，上窮吝也。

坤下兌上

萃，亨，王假有廟。

利見大人，亨，利貞。

用大牲吉，利有攸往。

彖曰：萃，聚也，順以說，剛中而應，故聚也。

王假有廟，致孝享也。

利見大人亨，聚以正也。

用大牲吉，利有攸往，順天命也。

觀其所聚，而天地萬物之情可見矣。

象曰：澤上於地，萃，君子以除戎器，戒不虞。

初六。有孚不終，乃亂乃萃，若號，一握爲笑，勿恤，往无咎。

象曰：乃亂乃萃，其志亂也。

六二。引吉，无咎，孚乃利用禴。

象曰：引吉无咎，中未變也。

六三。萃如嗟如，无攸利，往无咎，小吝。

象曰：往无咎上巽也。
九四。大吉无咎。
象曰：大吉无咎，位不當也。
九五。萃有位，无咎，匪孚，元永貞，悔亡。
象曰：萃有位，志未光也。
上六。齎咨涕洟，无咎。
象曰：齎咨涕洟，未安上也。

升：☷☴

巽下坤上

升，元亨，用見大人，勿恤，南征吉。
彖曰：柔以時升。巽而順，剛中而應，是以大亨。
用見大人，勿恤，有慶也。
南征吉，志行也。
象曰：地中生木，升，君子以順德，積小以高大。

初六。允升，大吉。
象曰：允升大吉，上合志
九二。孚乃利用禴，无咎。
象曰：九二之孚，有喜也。
九三。升虛邑。
象曰：升虛邑，无所疑也。
六四。王用亨于岐山，吉，无咎。
象曰：王用亨于岐山，順事也。
六五。貞，吉升階。
象曰：貞吉升階，大得志也。
上六。冥升，利于不息之貞。
象曰：冥升在上，消不富也。

困：䷮

坎下兌上

困，亨，貞，大人吉，无咎，有言不信。

彖曰：困，剛揜

險以說，困而不失其所亨，其唯君子乎。

貞，大人吉，以剛中也。

有言不信，尙口乃窮也。

象曰：澤无水，困。君子以致命遂志。

初六。臀困于株木，入于幽谷，三歲不覿。

象曰：入于幽谷，幽不明也。

九二。困于酒食，朱紱方來，利用享祀，征凶，无咎。

象曰：困于酒食，中有慶也。

六三。困于石，據于蒺蔾，入于其宮，不見其妻，凶。

象曰：據于蒺蔾，乘剛也，入于其宮，不見其妻，不祥也。

九四。來徐徐，困于金車，吝，有終。

象曰：來徐徐，志在下也，雖不當位，有與也。

九五。劓刖。困于赤紱，乃徐有說，利用祭祀。

象曰：劓刖，志未得也，乃徐有說，以中直也，利用祭祀，受福也。

上六。困于葛藟，于臲卼，曰動悔。有悔，征吉。

象曰：困于葛藟，未當也。動悔有悔，吉行也。

井：䷯

巽下坎上

井，改邑不改井，无喪无得，往來井井。

汔至，亦未繘井，羸其瓶，凶。

彖曰：巽乎水而上水，井，井養而不窮也，改邑不改井，乃以剛中也。

汔至亦未繘井，未有功也，羸其瓶，是以凶也。

象曰：木上有水，井，君子以勞民勸相。

初六。井泥不食，舊井无禽。

象曰：井泥不食，下也，舊井无禽，時舍也。

九二。井谷射鮒，甕敝漏。

象曰：井谷射鮒，无與也。

九三。井渫不食，爲我心惻，可用汲，王明並受其福。

象曰：井渫不食，行惻也，求王明，受福也。

六四，井甃，无咎。

象曰：井甃無咎，脩井也。

九五。井冽，寒泉食。

象曰：寒泉之食，中正也。

上六。井收勿幕，有孚元吉。

象曰：元吉在上，大成也。

革：䷰

離下兌上

革，已日乃孚，元亨利貞，悔亡。

彖曰：革，水火相息，二女同居，其志不相得，曰革。

已日乃孚，革而信之。

文明以說，大亨以正，革而當，其悔乃亡。

天地革而四時成，湯武革命，順乎天而應乎人，革之時大矣哉！

象曰：澤中有火。革，君子以治歷明時。

初九。鞏用黃牛之革。

象曰：鞏用黃牛，不可以有爲也。

六二。已日乃革之，征吉，无咎。

象曰：已日革之，行有嘉也。

九三。征凶，貞厲。革言三就，有孚。

象曰：革言三就，又何之矣。

九四。悔亡，有孚，改命，吉。

象曰：改命之吉，信志也。

九五。大人虎變，未占有孚。

象曰：大人虎變，其文炳也。

上六。君子豹變，小人革面，征凶，居貞吉。

象曰：君子豹變，其文蔚也。小人革面，順以從君也。

鼎：☲☴

巽下離上

鼎，元吉亨。

彖曰：鼎，象也。

以木巽火，亨飪也。聖人亨以享上帝，而大亨以養聖賢。

巽而耳目聰明，柔進而上行，得中而應乎剛，是以元亨。

象曰：木上有火，鼎，君子以正位凝命。

初六。鼎顚趾，利出否。得妾以其子，无咎。

象曰：鼎顚趾，未悖也。

利出否，以從貴也。

九二。鼎有實，我仇有疾，不我能即，吉。

象曰：鼎有實，愼所之也。我仇有疾，終无尤也。

九三。鼎耳革，其行塞，雉膏不食，方雨虧悔，終吉。

象曰：鼎耳革，失其義也。

九四。鼎折足，覆公餗，其形渥，凶。
象曰：覆公餗，信如何也。
六五。鼎黃耳，金鉉，利貞。
象曰：鼎黃耳，中以為實也。
上九。鼎玉鉉，大吉，无不利。
象曰：玉鉉在上，剛柔節也。

震：䷲

震下震上

震，亨。
震來虩虩，笑言啞啞。
震驚百里，不喪匕鬯
彖曰：震亨，震來虩虩，恐致福也。笑言啞啞，後有則也。
震驚百里，驚遠而懼邇也。
出可以守宗廟社稷，以為祭主也。

象曰：洊雷，震。君子以恐懼脩省。
初九。震來虩虩，後笑言啞啞，吉。
象曰：震來虩虩，恐致福也，笑言啞啞，後有則也。
六二。震來厲，億喪貝，躋于九淩，勿逐，七日得。
象曰：震來厲，乘剛也。
六三。震蘇蘇，震行无眚。
象曰：震蘇蘇，位不當也。
九四。震遂泥。
象曰：震遂泥，未光也。
六五。震往來厲，億无喪有事。
象曰：震往來厲，危行也，其事在中，大无喪也。
上六。震索索，視矍矍，征凶。震不于其躬，于其鄰，无咎，婚媾有言。
象曰：震索索，中未得也，雖凶无咎，畏鄰戒也。

艮：☶☶

艮下艮上

艮其背，不獲其身，行其庭，不見其人，无咎。

彖曰：艮止也，時止則止，時行則行，動靜不失其時，其道光明。

艮其止，止其所也。

上下敵應，不相與也。

是以不獲其身，行其庭不見其人，无咎也。

象曰：兼山，艮，君子以思不出其位。

初六•艮其趾，无咎，利永貞。

象曰：艮其趾，未失正也。

六二。艮其腓，不拯其隨，其心不快。

象曰：不拯其隨，未退聽也。

九三。艮其限，列其夤，厲薰心。

象曰：艮其限，危薰心也。

六四。艮其身，无咎。

象曰：艮其身，止諸躬也。

六五。艮其輔，言有序，悔亡。

象曰：艮其輔，以中正也。

上九。敦艮，吉。

象曰：敦艮之吉，以厚終也。

漸：䷴

艮下巽上

漸，女歸吉，利貞。

彖曰：漸之進也，女歸吉也。

進得位，往有功也。

進以正，可以正邦也。

其位，剛得中也。

止而巽，動不窮也。

象曰：山上有木，漸，君子以居賢德善俗。

初六。鴻漸于干，小子厲，有言，无咎。

象曰：小子之厲，義无咎也。

六二。鴻漸于磐，飲食衎衎，吉。

象曰：飲食衎衎，不素飽也。

九三。鴻漸于陸，夫征不復，婦孕不育，凶，利禦寇。

象曰：終莫之勝吉，得所願也。

六四：鴻漸于木或得其桷，无咎。象曰：或得其桷，順以巽也。

九五：鴻漸于陵，婦三歲不孕，終莫之勝，吉。象曰：終莫之勝吉，得所願也。

上九。鴻漸于陸，其羽可用爲儀，吉。

象曰：其羽可用爲儀，吉，不可亂也。

歸妹：䷵

兌下震上

歸妹，征凶，无攸利。

彖曰：歸妹，天地之大義也。

天地不交而萬物不興，歸妹，人之終始也。

說以動，所歸妹也，征凶，位不當也。

无攸利，柔乘剛也。

象曰：澤上有雷，歸妹，君子以永終知敝。

初九。歸妹以娣，跛能履，征吉。

象曰：歸妹以娣，以恒也，跛能履吉，相承也。

九二。眇能視，利幽人之貞。

象曰：利幽人之貞，未變常也。

六三。歸妹以須，反歸以娣。

象曰：歸妹以須，未當也。

九四。歸妹愆期，遲歸有時。

象曰：愆期之志，有待而行也。

六五。帝乙歸妹，其君之袂，不如其娣之袂良，月幾望，吉。

象曰：帝乙歸妹，不如其娣之袂良也，其位在中，以貴行也。

上六。女承筐无實，士刲羊无血，无攸利。

象曰：上六无實，承虛筐也。

豐：䷶

離下震上

豐，亨，王假之，勿憂，宜日中。

彖曰：豐，大也，明以動，故豐。

王假之，尚大也。

勿憂宜日中，宜照天下也。

日中則昃，月盈則食，天地盈虛，與時消息，而況於人乎？況於鬼神乎？

象曰：雷電皆至，豐，君子以折獄致刑。

初九。遇其配主，雖旬无咎，往有尚。

象曰：雖旬无咎，過旬災也。

六二。豐其蔀，日中見斗，往得疑疾，有孚發若，吉。

象曰：有孚發若，信以發志也。︶

九三。豐其沛，日中見沬，折其右肱，无咎。

象曰：豐其沛，不可大事也，折其右肱，終不可用也。

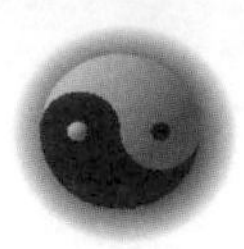

九四。豐其蔀，日中見斗，遇其夷主，吉。

象曰：豐其蔀，位不當也。

日中見斗，幽不明也。

遇其夷主，吉行也。

六五。來章，有慶譽，吉。

象曰：六五之吉，有慶也。

上六。豐其屋，蔀其家，闚其戶，闃其无人，三歲不覿，凶。

象曰：豐其屋，天際翔也，闚其戶，闃其无人，自藏也。

旅：䷷

艮下離上

旅，小亨，旅貞吉。

彖曰：旅，小亨，柔得中乎外而順乎剛，止而麗乎明，是以小亨，旅貞吉也。

旅之時義大矣哉！

象曰：山上有火，旅，君子以明愼用刑，而不留獄。

初六。旅瑣瑣，斯其所取災。

象曰：旅瑣瑣，志窮災也。

六二。旅即次，懷其資，得童僕貞。

象曰：得童僕貞，終无尤也。」

九三。旅焚其次，喪其童僕，貞厲。

象曰：旅焚其次，亦以傷矣，以旅與下，其義喪也。

九四。旅于處，得其資斧，我心不快。

象曰：旅于處，未得位也，得其資斧，心未快也。

六五。射雉，一矢亡，終以譽命。

象曰：終以譽命，上逮也。

上九。鳥焚其巢，旅人先笑後號咷，喪牛于易，凶。

象曰：以旅在上，其義焚也。喪牛于易，終莫之聞也。

巽：☴☴

巽下巽上

巽，小亨。利有攸往，利見大人。

彖曰：重巽以申命。

剛巽乎中正而志行，柔皆順乎剛，是以小亨。

利有攸往，利見大人。

象曰：隨風，巽。君子以申命行事。

初六。進退，利武人之貞。

象曰：進退志疑也，利武人之貞，志治也。

九二。巽在牀下，用史巫紛若，吉，无咎。

象曰：紛若之吉得中也。

九三。頻巽，吝。

象曰：頻巽之吝，志窮也。

六四。悔亡，田獲三品。

象曰：田獲三品，有功也。

九五。貞吉，悔亡无不利，无初有終，先庚三日，後庚三日，吉。

象曰：九五之吉，位正中也。

上九。巽在牀下，喪其資斧，貞凶。

象曰：巽在牀下，上窮也，喪其資斧，正乎凶也。

兌：䷹

兌下兌上

兌，亨，利貞。

彖曰：兌，說也。剛中而柔外，說以利貞，是以順乎天而應乎人，說以先民，民忘其勞，說以犯難，民忘其死，說之大，民勸矣哉。

象曰：麗澤，兌，君子以朋友講習。

初九。和兌，吉。

象曰：和兌之吉，行未疑也。

九二。孚兌，吉，悔亡。

象曰：孚兌之吉，信志也。

六三。來兌，凶。

象曰：來兌之凶，位不當也。

九四。商兌未寧，介疾有喜。

象曰：九四之喜，有慶也。

九五。孚于剝，有厲。

象曰：孚于剝，位正當也。

上六，引兌。

象曰：上六引兌，未光也。

渙：☴☵

坎下巽上

渙，亨。王假有廟，利涉大川，利貞。

彖曰：渙，亨。剛來而不窮，柔得位乎外而上同。王假有廟，王乃在中也。利涉大川，乘木有功也。

象曰：風行水上，渙。先王以享于帝立廟。

初六。用拯馬壯，吉。

象曰：初六之吉，順也。

九二。渙奔其机，悔亡。

象曰：渙奔其机，得願也。

六三。渙其躬，无悔。

象曰：渙其躬，志在外也。

六四。渙其群，元吉，渙有丘，匪夷所思。

象曰：渙其无，元吉，光大也。

九五。渙汗其大號，渙王居，无咎。

象曰：王居群咎，正位也。

上九。渙其血，去逖出，无咎。

象曰：渙其血，遠害也。

節：䷻

兌下坎上

節，亨，苦節，不可貞。

彖曰：節亨，剛柔分，而剛得中。

苦節不可貞，其道窮也。

說以行險，當位以節，中正以通。

天地節而四時成，節以制度，不傷財，不害民。

象曰：澤上有水，節，君子以制數度，議德行。

初九。不出戶庭，无咎。

象曰：不出戶庭，知通塞也。

九二。不出門庭，凶。

象曰：不出門庭凶，失時極也。

六三。不節若，則嗟若，无咎。

象曰：不節之嗟，又誰咎也？

六四。安節，亨。

象曰：安節之亨，承上道也。

九五。甘節，吉，往有尚。

象曰：甘節之吉，居位中也。

上六。苦節，貞凶，悔亡。
象曰：苦節貞凶，其道窮也。

中孚：䷼

兌下巽上
中孚，豚魚吉，利涉大川，利貞。
彖曰：中孚，柔在內而剛得中。
說而巽，孚乃化邦也。
豚魚吉，信及豚魚也。
利涉大川，乘木舟虛也。
中孚以利貞，乃應乎天也。
象曰：澤上有風，中孚，君子以議獄緩死。
初九。虞吉。有它，不燕。
象曰：初九虞吉，志未變也。
九二。鳴鶴在陰，其子和之，我有好爵，吾與爾靡之。

象曰：其子和之，中心願也。
六三。得敵，或鼓或罷，或泣或歌。
象曰：或鼓或罷，位不當也。
六四。月幾望，馬匹亡，无咎。
象曰：馬匹亡，絕類上也。
九五。有孚攣如，无咎。
象曰：有孚攣如，位正當也。
上九。翰音登于天，貞凶。
象曰：翰音登于天，何可長也。

小過：☳☶

艮下震上

小過，亨，利貞。
可小事，不可大事，飛鳥遺之音，不宜上，宜下，大吉。
彖曰：小過，小者過而亨也。

過以利貞，與時行也。

柔得中，是以小事吉也，剛失位而不中，是以不可大事也，有飛鳥之象焉。

飛鳥遺之音，不宜上宜下，大吉，上逆而下順也。

象曰：山上有雷，小過。君子以行過乎恭，喪過乎哀，用過乎儉。

初六。飛鳥以凶。

象曰：飛鳥以凶，不可如何也。

六二。過其祖，遇其妣，不及其君，遇其臣，无咎。

象曰：不及其君，臣不可過也。

九三。弗過防之，從或戕之，凶。

象曰：從或戕之，凶如何也。

九四。无咎，弗過遇之，往厲必戒，勿用永貞。

象曰：弗過遇之，位不當也，往厲必戒，終不可長也。

六五。密雲不雨，自我西郊，公弋取彼在穴。

象曰：密雲不雨，已上也。

上六。弗遇過之飛鳥離之，凶，是謂災眚。

象曰：弗遇過之，已亢也。

既濟：䷾

離下坎上

既濟，亨小，利貞，初吉，終亂。

彖曰：既濟亨，小者亨也。利貞，剛柔正而位當也。初吉，柔得中也。終止則亂，其道窮也。

象曰：水在火上，既濟，君子以思患而豫防之。

初九。曳其輪，濡其尾，无咎。

象曰：曳其輪，義无咎也。

六二。婦喪其茀，勿逐，七日得。

象曰：七日得，以中道也。

九三。高宗伐鬼方，三年克之，小人勿用。

象曰：三年克之憊也。

六四。繻有衣袽，終日戒。
象曰：終日戒，有所疑也。
九五。東鄰殺牛，不如西鄰之禴祭，實受其福。
象曰：東鄰殺牛，不如西鄰之時也，實受其福，吉大來也。
上六。濡其首，厲。
象曰：濡其首厲，何可久也。

未濟：䷿

坎下離上
未濟，亨。小狐汔濟，濡其尾，无攸利。
彖曰：未濟亨，柔得中也。
小狐汔濟，未出中也。
濡其尾，无攸利，不續終也。
雖不當位，剛柔應也。
象曰：火在水上，未濟，君子以愼辨物居方。

初六。濡其尾，吝。

象曰：濡其尾，亦不知極也。

九二。曳其輪，貞吉。

象曰：九二貞吉，中以行正也。

六三。未濟，征凶，利涉大川。

象曰：未濟征凶，位不當也。

九四。貞吉，悔亡，震用伐鬼方，三年有賞于大國。

象曰：貞吉悔亡，志行也。

六五。貞吉，无悔，君子之光，有孚，吉。

象曰：君子之光，其暉吉也。

上九。有孚于飲酒，无咎，濡其首，有孚失是。

象曰：飲酒濡首，亦不知節也。

第七章

附錄二《易、繫辭傳、說卦傳、序卦傳、雜卦傳》

第七章　附錄二《易、繫辭傳、說卦傳、序卦傳、雜卦傳》

天尊地卑，乾坤定矣。卑高以陳，貴賤位矣。動靜有常，剛柔斷矣。方以類聚，物以群分，吉凶生矣。在天成象，在地成形，變化見矣。

是故剛柔相摩，八卦相蕩，鼓之以雷霆，潤之以風雨，日月運行，一寒一暑，乾道成男，坤道成女。

乾知大始，坤作成物，乾以易知，坤以簡能。易則易知，簡則易從。易知則有親，易從則有功。有親則可久，有功則可大。可久則賢人之德，可大則賢人之業。易簡而天下之理得矣，天下之理得，而成位乎其中矣。

聖人設卦、觀象繫辭焉而明吉凶，剛柔相推而生變化。是故吉凶者，失得之象也；悔吝者，憂虞之象也；變化者，進退之象也，剛柔者，晝夜之象也。六爻之動，三極之道也。

是故君子所居而安者，《易》之序也，所樂而玩者，爻之辭也。是故君子居則觀其象而玩其辭，動則觀其變而玩其占，是以自天祐之，吉，無不利。

彖者，言乎象者也，爻者，言乎變者也；吉凶者，言乎其失得也；悔吝者，言乎

其小疵也，無咎者，善補過也。

是故列貴賤者存乎位，齊小大者存乎卦，辨吉凶者存乎辭，憂悔吝者存乎介，震無咎者存乎悔。是故卦有小大，辭有險易。辭也者，各指其所之。

（易）與天地準，故能彌綸天地之道。仰以觀於天文，俯以察於地理，是故知幽明之故。

原始反終，故知死生之說，精氣爲物，游魂爲變，是故知鬼神之情狀。

與天地相似，故不違；知周乎萬物而道濟天下，故不過。旁行而不流，樂天知命，故不憂。安土敦乎仁，故能愛。

範圍天地之化而不過，曲成萬物而不遺，通乎晝夜之道而知，故神無方而易無體。

一陰一陽之謂道。繼之者，善也，成之者，性也。仁者見之謂之仁，知者見之謂之知，百姓日用而不知，故君子之道鮮矣。

顯諸仁，藏諸用。鼓萬物而不與聖人同憂。

盛德大業，至矣哉，富有之謂大業，日新之謂盛德。生生之謂易，成象之謂乾，效法之謂坤，極數知來之謂占，通變之謂事，陰陽不測之謂神。

夫（易）廣矣，大矣！以言乎遠，則不禦，以言乎邇，則靜而正，以言乎天地之間，則備矣！

夫乾，其靜也專，其動也直，是以大生焉。夫坤，其靜也翕，其動也闢，是以廣生焉。

廣大配天地，變通配四時，陰陽之義配日月，易簡之善配至德。

子曰，《易》其至矣乎！夫《易》，聖人所以崇德而廣業也。知崇禮卑，崇效天，卑法地，天地設位，而《易》行乎其中矣。成性存存，道義之門。

聖人有以見天下之賾，而擬諸其形容，象其物宜，是故謂之象。聖人有以見天下之動，而觀其會通，以行其典禮，系辭焉以斷其吉凶，是故謂之爻。

言天下之至賾而不可惡也，言天下之至動而不可亂也。

擬之而後言，議之而後動，擬議以成其變化。

「鳴鶴在陰，其子和之，我有好爵，吾與爾靡之」。子曰，君子居其室，出其言善，則千里之外應之，況其邇者乎！居其室，出其言不善，則千里之外違之，況其邇者乎！言出乎身，加乎民，行發乎邇，見乎遠。言行，君子之樞機，樞機之發，榮辱之主也。言行，君子之所以動天地也，可不愼乎！同人先號咷而後笑，子曰，君子之

道或出或處，或默或語，二人同心，其利斷金，同心之言，其臭如蘭。

初六：藉用白茅，無咎。子曰，苟錯諸地而可矣，藉之用茅，何咎之有？愼之至也。夫茅之爲物薄，而用可重也，愼斯術也以往，其無所失矣。「勞謙，君子有終，吉」。子曰：「勞而不伐，有功而不德，厚之至也。語以其功下人者也。德言盛，禮言恭。謙也者，致恭以存其位者也」。「亢龍有悔。」子曰：貴而無位，高而無民，賢人在下位而無輔，是以動而有悔也。

「不出戶庭，無咎。」子曰：「亂之所生也，則言語以爲階。君不密則失臣，臣不密則失身，幾事不密則害成，是以君子愼密而不出也。」子曰：「作《易》者，其知盜乎？《易》曰：「負且乘，致寇至」。負也者，小人之事也；乘也者，君子之器也。小人而乘君子之器，盜思奪之矣。上慢下暴，盜思伐之矣。慢藏誨盜，冶容誨淫。《易》曰，負且乘，致寇至，盜之招也。

天一，地二；天三，地四；天五，地六；天七，地八；天九，地十。天數五，地數五，五位相得而各有合。天數二十有五，地數三十，凡天地之數五十有五。此所以成變化而行鬼神也。

大衍之數五十，其用四十有九，分而爲二以象兩，掛一以象三，揲之以四以象四

時，歸奇於扐以象閏。五歲再閏，故再扐而後卦。（乾）之策，二百一十有六；（坤）之策，百四十有四，凡三百有六十，當期之日。二篇之策，萬有一千五百二十，當萬物之數也。

是故四營而成易，十有八變而成卦。八卦而小成，引而伸之，觸類而長之，天下之能事畢矣。

顯道神德行，是故可與酬酢，可與祐神矣。

子曰，知變化之道者，其知神之所爲乎！

（易）有聖人之道四焉，以言者尙其辭，以動者尙其變，以制器者尙其象，以卜筮者尙其占。

是以君子將有爲也，將有行也，問焉而以言。其受命也如響，無有遠近幽深，遂知來物。非天下之至精，其孰能與於此？

參伍以變，錯綜其數。通其變，遂成天地之文；極其數，遂定天下之象。非天下之至變，其孰能與於此？

（易），無思也，無爲也，寂然不動，感而遂通天下之故，非天下之至神，其孰能與於此？

夫（易），聖人之所以極深而研幾也。唯深也，故能通天下之志；惟幾也，故能成天下之務；惟神也，故不疾而速，不行而至。

子曰：「（易）有聖人之道四焉」者，此之謂也。

子曰，夫（易），何爲者也？夫（易），開物成務，冒天下之道，如斯而巳者也。是故聖人以通天下之志，以定天下之業，以斷天下之疑。

是故蓍之德圓而神，卦之德方以知，六爻之義，易以貢。聖人以此洗心，退藏於密，吉凶與民同患。神以知來，知以藏往，其孰能與於此哉！古之聰明睿知，神武而不殺者夫！

是以明於天之道，而察於民之故，是興神物，以前民用。聖人以此齋戒，以神明其德夫！

是故闔戶謂之坤，闢戶謂之乾，一闔一闢謂之變，往來不窮謂之通，見乃謂之象，形乃謂之器，制而用之謂之法，利用出入，民咸用之謂之神。

是故易有太極，是生兩儀，兩儀生四象，四象生八卦，八卦定吉凶，吉凶生大業。

是故法象莫大乎天地，變通莫大乎四時，縣象著明莫大乎日月；崇高莫大乎富

貴；備物致用，立成器以爲天下利，莫大乎聖人；探賾索隱，鉤深致遠，以定天下之吉凶，成天下之亹亹者，莫大乎蓍龜。

是故天生神物，聖人則之；天地變化，聖人效之；天垂象，見吉凶，聖人象之；河出（圖），洛出（書），聖人則之。

（易）有四象，所以示之；繫辭焉，所以告也；定之以吉凶，所以斷也。

（易）曰，自天祐之，吉，無不利。子曰：「祐者，助也。天之所助者，順也；人之所助者，信也。履信思乎順，又以尚賢也。是以自天祐之，吉，無不利也。

子曰，書不盡言，言不盡意。然則聖人之意，其不可見乎？子曰，聖人立象以盡意，設卦以盡情僞，系辭焉以盡其言，變而通之以盡利，鼓之舞之以盡神。

乾坤，其（易）之縕邪？乾坤成列，而（易）立乎其中矣。乾坤毀，則無以見（易）。（易）不可見，則乾坤或幾乎息矣。

是故形而上者謂之道，形而下者謂之器，化而裁之謂之變，推而行之謂之通，舉而措之天下之民謂之事業。

是故夫象，聖人有以見天下之賾，而擬諸其形容，象其物宜，是故謂之象。聖人有以見天下之動，而觀其會通，以行其典禮，系辭焉以斷其吉凶，是故謂之爻。

極天下之賾者，存乎卦；鼓天下之動者存乎辭，化而裁之存乎變；推而行之存乎通，神而明之存乎其人。默而成之，不言而信，存乎德行。

繫辭傳下

八卦成列，象在其中矣；因而重之，爻在其中矣；剛柔相推，變在其中矣；繫辭焉而命之，動在其中矣。

吉凶悔吝者，生乎動者也；剛柔者，立本者也；變通者，趣時者也；吉凶者，貞勝者也；天地之道，貞觀者也；日月之道，貞明者也；天下之動，貞夫一者也。

夫乾，確然示人易矣；夫坤，隤然示人簡矣。爻也者，效此者也，象也者，像此者也。爻象動乎內，吉凶見乎外，功業見乎變，聖人之情見乎辭。

天地之大德曰生，聖人之大寶曰位。何以守位？曰（仁）人；何以聚人，曰財。理財正辭，禁民為非，曰義。

古者包犧氏之王天下也，仰則觀象於天，俯則觀法於地，觀鳥獸之文，與地之宜，近取諸身，遠取諸物，於是始作八卦，以通神明之德，以類萬物之情。作結繩而為罔罟，以佃以漁，蓋取諸離，包犧氏沒，神農氏作，斲木為耜，揉木為耒，耒耨之利，以教天下，蓋取諸益。日中為市，致天下之民，聚天下之貨，交易而退，各得其所，蓋取諸噬嗑。神農氏沒，黃帝、堯、舜氏作，通其變，使民不倦；神而化之，使

民宜之。《易》窮則變，變則通，通則久，是以「自天祐之，吉，無不利」。黃帝、堯、舜垂衣裳而天下治，蓋取諸（乾）、（坤）。刳木爲舟，剡木爲楫。舟楫之利，以濟不通，致遠以利天下，蓋取諸（渙）。服牛乘馬，引重致遠以利天下，蓋取諸（隨）。重門擊柝以待暴客，蓋取諸（豫）。斷木爲杵，掘地爲臼，臼杵之利，萬民以濟，蓋取諸（小過）。弦木爲弧，剡木爲矢，弧矢之利，以威天下，蓋取諸（睽）。上古穴居而野處，後世聖人易之以宮室，上棟下宇，以待風雨，蓋取諸（大壯）。古之葬者，厚衣之以薪，葬之中野，不封不樹，喪期無數，後世聖人易之以棺槨，蓋取諸（大過）。上古結繩而治，後世聖人易之以書契，百官以治，萬民以察，蓋取諸（夬）。

是故《易》者，象也；象也者，像也。彖者，材也。爻也者，效天下之動者也。是故吉凶生而悔吝著也。

陽卦多陰，陰卦多陽，其故何也？陽卦奇，陰卦偶。其德行何也？陽一君而二民，君子之道也。陰二君而一民，小人之道也。

《易》曰：憧憧往來，朋從爾思。子曰：「天下何思何慮？天下同歸而殊塗，一致而百慮。天下何思何慮？」

日往則月來，月往則日來，日月相推而明生焉。寒往則暑來，暑往則寒來，寒暑相推而歲成焉。往者，屈也；來者，信也；屈信相感而利生焉。

尺蠖之屈，以求信也；龍蛇之蟄，以存身也；精義入神，以致用也；利用安身，以崇德也。

過此以往，未之或知也。窮神知化，德之盛也。

《易》曰：「困于石，據于蒺藜，入于其宮，不見其妻，凶」。子曰：「非所困而困焉，名必辱；非所據而據焉，身必危。既辱且危，死期將至，妻其可得見邪？」

《易》曰：「公用射隼于高墉之上，獲之，無不利」。子曰：「隼者，禽也；弓矢者，器也；射之者，人也。君子藏器於身，待時而動，何不利之有？動而不括，是以出而有獲，語成器而動者也」。

子曰：「小人不恥不仁，不畏不義，不見利不動，不威不懲，小懲而大誡，此小人之福也。」

《易》曰：「屨校滅趾，無咎。」此之謂也。善不積，不足以成名，惡不積，不足以滅身。小人以小善爲無益，而弗爲也；以小惡爲無傷，而弗去也，故惡積而不可掩，罪大而不可解。

《易》曰：「何校滅耳，凶。」子曰：危者，安其位者也；亡者，保其存者也；亂者，有其治者也。是故君子安而不忘危，存而不忘亡，治而不忘亂，是以身安而國家可保也。

《易》曰：「其亡其亡，繫于苞桑。」子曰：「德薄而位尊，知小而謀大，力小而任重，鮮不及矣。」

《易》曰：「鼎折足，覆公餗，其形渥，凶。言不勝其任也。」子曰：「知幾其神乎，君子上交不諂，下交不瀆，其知幾乎。幾者，動之微，吉之先見者也。君子見幾而作，不俟終日。《易》曰：「介于石，不終日，貞吉」。介如石焉，寧用終日？斷可識矣。君子知微知彰，知柔知剛，萬夫之望。子曰：顏氏之子，其殆庶幾乎，有不善，未嘗不知；知之，未嘗復行也。

《易》曰：「不遠復，無祇悔，元吉。」天地絪縕，萬物化醇。男女構精，萬物化生。

《易》曰：「三人行則損一人，一人行則得其友，言致一也。」子曰：君子安其身而後動，易其心而後語，定其交而後求。君子修此三者，故全也。危以動，則民不與也；懼以語，則民不應也；無交而求，則民不與也。莫之與，則傷之者至矣。

《易》曰：莫益之，或擊之，立心勿恆，凶。

子曰，乾、坤、其《易》之門邪？乾，陽物也；坤，陰物也。陰陽合德而剛柔有體，以體天地之撰，以通神明之德。

其稱名也雜而不越，于稽其類，其衰世之意邪！

夫《易》彰往而察來，而微顯闡幽，開而當名辨物，正言斷辭，則備矣。

其稱名也小，其取類也大。其旨遠，其辭文，其言曲而中，其事肆而隱，因貳以濟民行，以明失得之報。

《易》之興也，其於中古乎？作《易》）者，其有憂患乎？

是故（履），德之基也。（謙），德之柄也；（復），德之本也；（恆），德之固也。（損），德之修也；（益），德之裕也；（困），德之辨也；（井），德之地也；（巽），德之制也；（履）和而至，（謙），尊而光；（復），小而辨於物；（恆），雜而不厭；（損），先難而後易；（益），長裕而不設；（困），窮而通；（井），居其所而遷；（巽），稱而隱。（履），以和行，（謙），以制禮；（復）以自知，（恆）以一德，（損）以遠害，（益）以興利，（困）以寡怨，（井）以辨義，（巽）以行權。

《易》之為書也，不可遠，為道也屢遷。變動不居，周流六虛，上下無常，剛柔相易，不可為典要，唯變所適。

其出入以度，外內使知懼，又明於憂患與故，無有師保，如臨父母。初率其辭，而揆其方。既有典常，苟非其人，道不虛行。

《易》之為書也，原始要終，以為質也。六爻相雜，唯其時物也。其初難知，其上易知，本末也。初辭擬之，卒成之終。

若夫雜物撰德，辨是與非，則非其中爻不備。噫！亦要存亡吉凶，則居可知矣。知者觀其彖辭，則思過半矣。

二與四，同功而異位，其善不同。二多譽，四多懼，近也。柔之為道，不利遠者，其要無咎，其用柔中也。三與五，同功而異位。三多凶，五多功，貴賤之等也。其柔危，其剛勝邪。

《易》之為書也，廣大悉備，有天道焉，有人道焉，有地道焉。兼三（材）而兩之，故六；六者，非它也，三才之道也。

道有變動，故曰爻；爻有等，故曰物；物相雜，故曰文；文不當，故吉凶生焉。

《易》之興也，其當殷之末世，周之盛德邪？當文王與紂之事邪？是故其辭危。

危者使平，易者使傾。其道甚大，百物不廢。懼以終始，其要無咎，此之謂《易》之道也。

夫乾，天下之至健也，德行恆易以知險。夫坤，天下之至順也，德行恆簡以知阻。能說諸心，能研諸侯之慮，定天下之吉凶，成天下之亹亹者。

是故變化云爲，吉事有祥；象事知器，占事知來。

天地設位，聖人成能，人謀鬼謀，百姓與能。八卦以象告，爻彖以情言，剛柔雜居而吉凶可見矣。

變動以利言，吉凶以情遷。是故愛惡相攻而吉凶生，遠近相取而悔吝生，情僞相感而利害生。凡《易》之情，近而不相得，則凶，或害之，悔且吝。

將叛者其辭慚，中心疑者其辭枝，吉人之辭寡，躁人之辭多，誣善之人其辭游，失其守者其辭屈。

說卦傳

昔者聖人之作《易》也，幽贊于神明而生蓍，參天兩地而倚數，觀變於陰陽而立卦，發揮於剛柔而生爻，和順于道德而理於義，窮理盡性以至於命。

昔者聖人之作《易》也，將以順性命之理，是以立天之道，曰陰與陽，立地之道，曰柔與剛，立仁之道，曰仁與義。兼三才而兩之，故《易》六畫而成卦；分陰分陽，迭用柔剛，故《易》六位而成章。

天地定位，山澤通氣，雷風相薄，水火不相射，八卦相錯。數往者順，知來者逆，是故《易》逆數也。

雷以動之，風以散之，雨以潤之，日以烜之，艮以止之，兌以說之，乾以君之，坤以藏之。

帝出乎震，齊乎巽，相見乎離，致役乎坤，說言乎兌，戰乎乾，勞乎坎，成言乎艮。萬物出乎震，震，東方也。齊乎巽，巽，東南也。齊也者，言萬物之潔齊也。離也者，明也，萬物皆相見，南方之卦也。聖人南面而聽天下，嚮明而治，蓋取諸此也。坤也者，地也，萬物皆致養焉，故曰「致役乎坤」。兌，正秋也，萬物之所說也，故曰「說言乎兌」。戰乎乾，乾，西北之卦也，言陰陽相薄也。坎者，水也，正北方之卦也，勞卦也，萬物之所歸也，故曰「勞乎坎」，艮，東北之卦也，萬物之所成終而所成始也，故曰「成言乎艮」。

神也者，妙萬物而爲言者也。動萬物者，莫疾乎雷；撓萬物者，莫疾乎風；燥萬物者，莫熯乎火；說萬物者，莫說乎澤；潤萬物者，莫潤乎水；終萬物，始萬物者，莫盛乎艮。故水火相逮，雷風不相悖，山澤通氣，然後能變化，既成萬物也。

乾，健也，坤，順也，震，動也，巽，入也；坎，陷也，離，麗也；艮，止也，兌，說也。

乾爲馬，坤爲牛，震爲龍，巽爲雞，坎爲豕，離爲雉，艮爲狗，兌爲羊。

乾爲首，坤爲腹，震爲足，巽爲股，坎爲耳，離爲目，艮爲手，兌爲口。

乾，天也，故稱乎父；坤，地也，故稱乎母；震，一索而得男，故謂之長男；巽，一索而得女，故謂之長女；坎，再索而得男，故謂之中男；離，再索而得女，故謂之中女；艮，三索而得男，故謂之少男；兌三索而得女，故謂之少女。

乾爲天，爲圜，爲君，爲父，爲玉，爲金，爲寒，爲冰，爲大赤，爲良馬，爲老馬，爲瘠馬，爲駁馬，爲木果。

坤為地，為母，為布，為釜，為吝嗇，為均，為子母牛，為大輿，為文，為眾，為柄，其於地也為黑。

震為雷，為龍，為玄黃，為旉，為大塗，為長子，為決躁，為蒼莨竹，為萑葦；其於馬也，為善鳴，為馵足，為作足，為的顙；其於稼也，為反生，其究為健，為蕃鮮。

巽為木，為風，為長女，為繩直，為工，為白，為長，為高，為進退，為不果，為臭；其於人也，為寡髮，為廣顙，為多白眼，為近利市三倍；其究為躁卦。

坎為水，為溝瀆，為隱伏，為矯輮，為弓輪；其於人也，為加憂，為心病，為耳痛，為血卦，為赤。其於馬也，為美脊，為亟心，為下首，為薄蹄，為曳；其於輿也，為多眚，為通，為月，為盜。其於木也，為堅多心。

離為火，為日，為電，為中女，為甲冑，為戈兵；其於人也，為大腹，為乾卦，為鼈，為蟹，為蠃，為蚌，為龜。其於木也，為科上槁。

艮為山，為徑路，為小石，為門闕，為果蓏，為閽寺，為指，為狗，為鼠，為黔喙之屬；其於木也，為堅多節。

兌為澤，為少女，為巫，為口舌，為毀折，為附決；其於地也，為剛鹵，為妾，為羊。

序卦傳

有天地，然後萬物生焉。盈天地之間者唯萬物，故受之以（屯）。屯者，盈也，屯者，物之始生也。物生必蒙，故受之以（蒙）。蒙者，蒙也，物之墀也。物墀不可不養也；故受之以（需）。需者，飲食之道也，飲食必有（訟），故受之以訟。訟必有衆起，故受之以（師）。師者，衆也，衆必有所比，故受之以（比）。比者，比也。比必有所畜，故受之以（小畜）。物畜然後有禮，故受之以（履）。履而泰，然後安，故受之以（泰）。泰者，通也。物不可以終通，故受之以（否）。物不可以終否，故受之以（同）人。與人同者，物必歸焉，故受之以（大有）。有大者不可以盈，故受之以（謙）。有大而能謙必豫，故受之以（豫）。豫必有隨，故受之以（隨）。以喜隨人者必有事，故受之以（蠱）。蠱者，事也。有事而後可大，故受之以（臨）。臨者大也，物大然後可觀，故受之以（觀）。可觀而後有所合，故受之以（噬嗑）。嗑者，合也。物不可以苟合而已，故受之以（賁）。賁者，飾也。致飾然後亨則盡矣，故受之以（剝）。剝者，剝也。物不可以終盡，剝窮上反下，故受之以（復）。復則不妄矣，故受之以（無妄）。有無妄然後可畜，故受之以（大畜）。物畜然後可養，故受之以（頤）。頤者，養也。不養則不可動，故受之以（大過）。物不可以終過，故受之以（坎）。坎者，陷也。陷必有所麗，故受之以（離），離者，麗也。

有天地，然後有萬物，有萬物然後有男女；有男女，然後有夫婦；有夫婦，然後有父子，有父子，然後有君臣；有君臣，然後有上下，有上下，然後禮義有所錯。夫婦之道，不可以不久也，故受之以（恆）。恆者，久也。物不可以久居其所，故受之以（遯）。遯者，退也。物不可以終遯，故受之以（大壯）。

物不可以終壯，故受之以（晉）。晉者，進也。進必有所傷，故受之以（明夷）。夷者，傷也。傷于外者必反其家，故受之以（家人）。家道窮必乖，故受之以（睽）。睽者，乖也。乖必有難，故受之以（蹇）。

蹇者，難也。物不可以終難，故受之以（解）。解者，緩也。緩必有所失，故受之以（損）。損而不已必益，故受之以（益）。益而不已必決，故受之以（夬）。夬者，決也。決必有所遇，故受之以（姤）。姤者，遇也。物相遇而後聚，故受之以（萃）。萃者，聚也。聚而上者謂之（升），故受之以（升）。升而不已必困，故受之以（困）。困乎上者必反下，故受之以（井）。井道不可不革，故受之以（革）。

革物者莫若鼎，故受之以（鼎）。主器者莫若長子，故受之以（震）。震者，動也。物不可以終動，止之，故受之以（艮）。艮者，止也。物不可以終止，故受之以（漸）。漸者，進也。進必有所歸，故受之以（歸妹）。得其所歸者必大，故受之以（豐）。豐者，大也。窮大者必失其居，故受之以（旅）。旅而無所容，故受之以（巽）。巽者，入也。入而後說之，故受之以（兌）。兌者，說也。說而後散之，故受之以（渙）。渙者，離也。物不可以終離，故受之以（節）。節而信之，故受之以（中孚）。有其信者必行之，故受之以（小過）。有過物者必濟，故受之以（既濟）。物不可窮也，故受之以（未濟）終焉。

雜卦傳

（乾）剛（坤）柔，（比）樂（師）憂。（臨）、（觀）之義，或與或求。（屯）、見而不失其居，（蒙）、雜而著。（震）、起也。（艮）、止也。（損）、（益），盛衰之始也。（大畜），時也；（無妄），災也。（萃）聚，而（升）不來也。（謙）輕，而（豫）怠也。（噬嗑），食也。（賁），無色也。（兌）見，而（巽）伏也。（隨），無故也。（蠱）、則飭也。（剝），爛也。（復），反也。（晉），晝也。（明夷），誅也。（井）通，而（困）相遇也。（咸），速也。（恆），久也。（渙），離也。（節），止也。（解），緩也。（蹇），難也。（睽），外也。（家人），內也。（否）、（泰），反其類也。（大壯），則止。（遯），則退也。（大有），衆也。（同人），親也。（革），去故也。（鼎），取新也。（小過），過也。（中孚），信也。（豐），多故也。親寡，（旅）也。（離），上而（坎）下也。（小畜），寡也。（履），不處也。（需），不進也。（訟），不親也。（大過），巔也。（姤），遇也，柔遇剛也。（漸），女歸待男行也。（頤），養正也。（既濟），定也。（歸妹），女之終也。（未濟），男之窮也。（夬），決也，剛決柔也，君子道長，小人道憂也。

◉註釋

註一：清．阮元撰《十三經注疏》，頁155

註二：《易傳》就是十翼，彖傳上、下。象傳上、下。繫辭傳上、下。說卦傳。文言。序卦傳。雜卦傳等。

註三：張善文《象數與義理》，遼寧教育出版社。

註四：張其成撰《易經應用大百科上篇》，頁3

註五：同註四，頁4

註六：明．來知德《周易繫辭傳註疏》，頁14

註七：同註六，頁16

註八：陳鼓應撰《老子今註今譯》，頁208

註九：同註八，頁223

註十：同註八，頁295

註十一：同註八，頁119

註十二：《四書白話註解》，頁5

註十三：陳鼓應撰《老子今註今譯》，頁517

註十四：〈乾〉：「元亨，利貞」；〈坤〉：元亨，利牝馬之貞。君子有攸往，先迷後得主，利西南得朋，東北喪朋，安貞吉。〈屯〉：元亨利貞，勿用有攸往。利建侯；〈隨〉：元亨利貞。无咎。〈臨〉：「元亨利貞。至於八月有凶」；

〈无妄〉：「元亨利貞。」其匪正有眚。不利有攸往。〈革〉：「巳日乃孚，元亨利貞。悔亡。」（見十三經注疏）

註十五：同註八，頁139

註十六：《漢書・藝文志》，頁1704

註十七：明・來知德《周易繫辭傳註疏》，頁454

註十八：《象數與易理》頁13～15，遼寧教育出版社一九九一。

註十九：《十三經注疏》，頁16-17

註二十：《十三經注疏》，頁4610

註廿一：《十三經注疏》，頁5390

註二十二：同註八，頁406

註二十三：朱永嘉《新譯呂氏春秋》，頁650

註二十四：同註二十三，頁764

註二十五：同註二十三，頁1238

註二十六：陳鼓應撰〈乾坤道家易詮釋〉，頁46

註二十七：同註一，頁16

註二十八：《十三經注疏》，頁197

註二十九：劉興隆撰《新編甲骨文》，頁5

註三十：謝祥榮撰《周易見龍》，頁83、89

註三十一：（王振復《巫術：周易的文化智慧》，浙江古籍出版社，頁61）

註三十二：（同上註頁62）

註三十三：許倬雲《西周史》，頁65
註三十四：張正明《楚文化史》，頁110
註三十五：原始中國・下册，頁451
註三十六：許倬雲《西周史》，頁66
註三十七：歐陽維誠《周易新解》，頁3
註三十八：同註二十九，頁329
註三十九：同註二十九，頁204
註四十：同註三十三，頁240
註四十一：同註三十三，頁263
註四十二：同註三十三，頁313
註四十三：馮作民《白話左傳》，頁129
註四十四：吳明智撰《增補卜筮正宗》，卷六
註四十五：同註三十三，頁377
註四十六：同註三十三，頁399
註四十七：同註三十三，頁509
註四十八：同註三十三，頁540
註四十九：同註三十三，29頁565
註五十：同註三十三，頁565
註五十一：同註三十三，頁597
註五十二：同註三十三，頁834

註釋

註五十三：同註三十三，頁847

註五十四：同註三十三，頁997

註五十五：同註三十三，頁1057

註五十六：《十三經注疏，》，頁182

註五十七：同註三十三，頁1229

註五十八：同註三十三，頁1277

註五十九：同註三十三，頁1291

註六十：同註三十三，頁1341

註六十一：同註三十三，頁1483

註六十二：同註三，頁251

註六十三：同註三十三，頁1659

註六十四：同註四，頁155

註六十五：同註四，頁155

註六十六：同註四，頁156

註六十七：《老子今註今譯》，頁106・同註八，頁104

註六十八：《十三經注疏》，頁404

註六十九：《十三經注疏》，頁405

註七十：《十三經注疏》，頁163

註七十一：《十三經注疏》，頁163

註七十二：《十三經注疏》，頁164

註七十三：《十三經注疏》，頁164
註七十四：《十三經注疏》，頁164
註七十五：同註八，頁155
註七十六：朱熹《周易本義》，頁10
註七十七：《十三經注疏》，頁166
註七十八：自由時報，92、3、15社會版
註七十九：同註七十六，頁50
註八十：同註七十六，頁51
註八十一：同註七十六，頁118
註八十二：《竹書紀年》，頁16
註八十三：《十三經注疏》，頁148
註八十四：陳飛龍撰《抱朴子內篇》今註今譯，頁18
註八十五：陳九如撰《黃帝內經》，頁3
註八十六：劉國樑撰〈周易參同契〉，頁28

參考書目

1. 明・來知德撰，清・惠棟：《疏》：《周易繫辭傳註疏》，台北：吉豐印製有限公司，一九九九年二月初版一刷。

2. 張其成撰《易經應用大百科》，台北：世偉打字印刷有限公司，一九九六年五月初版。

3. 明・來知德撰《易經來註圖解》，台南：大千世界出版社，一九九七年？月出版九刷。

4. 春秋・莊周撰吳兆基編譯，北京：京華出版社，一九九〇年十月第一版。

5. 南懷瑾撰《老子他說・上》，台北：好古文化事業公司，一九九一年十二月五版。

6. 余培林撰《新譯老子讀本》，台北：三民書局股份有限公司，二〇〇一年二月，初版十五刷。

7. 清・嘉慶二十年重刊宋本・《十三經注疏》，中文出版社。又參考大化書局出版，之《十三經注疏》。

8. 漢・司馬遷撰，劉宋・裴駰《集解》、唐・司馬貞《索隱》、唐・張守節《正義》：《史記》，台北：鼎文書局，一九九一年九月七版。

9. 漢・班固撰、唐・顏師古《注》：《漢書》，台北：鼎文書局，一九九一年九月七版。

10. 劉興隆撰《新編甲骨文字典》，台北：文史出版社，二〇〇〇年三月一版。

11. 謝祥榮撰《周易見龍》，成都：巴蜀書社，二〇〇〇年十月第一次印刷。
12. 翟廷晉撰《周易與華夏文明》，上海：人民出版社，二〇〇〇年一月第二次印刷。
13. 馮作民撰《白話左傳》，台北：星光出版社，一九八九年十二月二版。
14. 吳明智撰《增補卜筮正宗》，新竹：竹林書局，一九九六年三月第十版。
15. 陳英略撰《鬼谷子傳》，台北：鬼谷先師紀念堂，一九七九年七月再版。
16. 吳兆基撰《老子・莊子》，北京：京華出版社，二〇〇二年一月三刷。
17. 南懷瑾撰《易經繫傳別講上》，台灣：老古文化事業股份有限公司，一九九九年四月初版十四刷。
18. 自由時報，二〇〇三年三月十五日。
19. 宋・朱熹撰《周易本義》，台北：大安出版社，一九九九年七月第一版。
20. 黃錦鋐撰《新譯莊子讀本》，台北：三民書局股份有限公司，一九九九年四月十五刷。
21. 陳飛龍撰《抱朴子內篇今註今譯》，台北：台灣商務印書館股份有限公司，二〇〇一年一版。
22. 陳九如撰《黃帝內經今義》，台北：中正書局，一九八六年。
23. 劉國樑撰《新譯周易參同契》，台北：三民書局印行，一九九九年十一月。
24. 陳鼓應撰《老子今註今譯》，台北：台灣商務印書館股份有限公司，二〇〇二年十月三次修訂版第三次印刷。
25. 陳鼓應撰《老子今註今譯》，台北：台灣商務印書館股份有限公司，二〇〇二年十月修訂版第二次印刷。

26. 朱永嘉撰《新譯呂氏春秋》，台北：三民書局股份有限公司，二〇〇〇年第二次印刷。
27. 陳鼓應撰〈乾坤道家易詮釋〉中央大學文學院：《人文學報》，二〇〇〇年六月，廿、廿一頁22—52。
28. 著撰不詳《竹書紀年》，台北：台灣中華書局，一九八〇年十月三版。
29. 黃輝石撰《學會易經占卜的第一本書》，台北：宇河文化出版有限公司，二〇〇二年八月第一版第一刷。
30. 撰不詳《四書白話註解》，長春：吉林省新華書店，一九九〇年元月印刷。
31. 許倬雲撰《西周史》，台北：聯經出版事業公司，一九八四年。
32. 歐陽維誠撰《周易新解》，長沙：岳麓書社，一九九〇年。
33. 張正明撰《楚文化史》，台北：南天書局，一九九〇年。
34. 朱天順撰《中國古代宗教初探》，台北：谷風出版社。
35. 編輯部《原始中國》，台北：地球出版社，一九九一第一版。
36. 張善文《象數與義理》，遼寧教育出版社，一九九一年。
37. 王振復《巫術：周易的文化智慧》，浙江古籍出版社，一九九〇年。
38. 呂紹綱《周易全解》，吉林大學出版社出版，一九九六年十月第二次印刷。
39. 張善文編《周易研究論文集》，第一輯、第四輯，北京師範大學出版社，一九八八年。

易經演變表

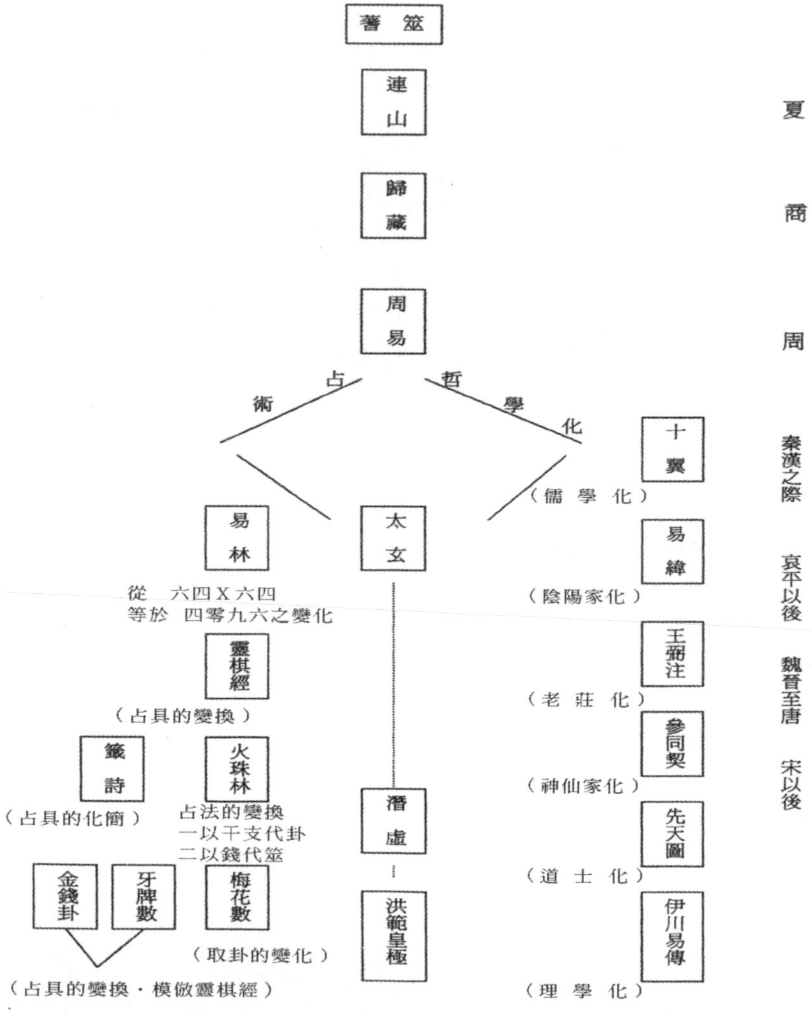

蓍筮

連山　夏

歸藏　商

周易　周

占術 / 哲學化

十翼（儒學化）　秦漢之際

太玄

易林

從　六四X六四
等於　四零九六之變化

易緯（陰陽家化）　哀平以後

靈棋經（占具的變換）

王弼注（老莊化）　魏晉至唐

參同契（神仙家化）　宋以後

籤詩（占具的化簡）

火珠林
占法的變換
一以干支代卦
二以錢代筮

潛虛

先天圖（道士化）

金錢卦　牙牌數（占具的變換・模倣靈棋經）

梅花數（取卦的變化）

洪範皇極

伊川易傳（理學化）

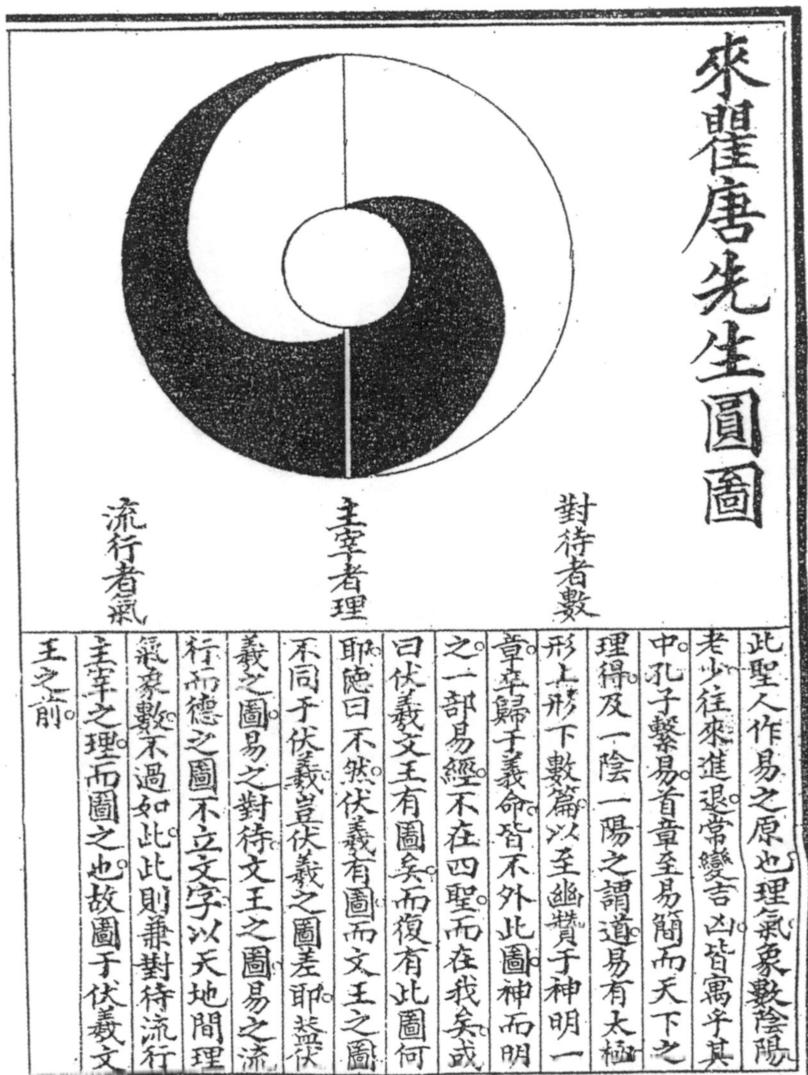

來瞿唐先生圓圖

此聖人作易之原也。理氣象數陰陽老少往來進退常變吉凶皆寓乎其中。孔子繫易首章至易簡而天下之理得。及一陰一陽之謂道。易有太極形上形下數篇。以至幽贊于神明一章。卒歸于義命。皆不外此圖。神而明之。一部易經。不在四聖。而在我矣。或曰。伏羲文王有圖矣。而復有此圖何耶。德曰。不然。伏羲有圖。而文王之圖不同于伏羲。豈伏羲之圖差耶。蓋伏羲之圖。易之對待。文王之圖。易之流行。而德之圖。不立文字。以天地間理氣象數不過如此。此則兼對待流行主宰之理。而圖之也。故圖于伏羲文王之前。

孔子太極生兩儀四象八卦圖

兩儀圖

陽儀 ⚊　陰儀 ⚋

四象圖

太陽　少陰　少陽　太陰

一陽上加一陽為太陽
一陽上加一陰為少陰
一陰上加一陽為少陽
一陰上加一陰為太陰

八卦圖

乾一　兌二　離三　震四　巽五　坎六　艮七　坤八

太陽上加一陽為乾
太陽上加一陰為兌
少陰上加一陽為離
少陰上加一陰為震
少陽上加一陽為巽
少陽上加一陰為坎
太陰上加一陽為艮
太陰上加一陰為坤

伏羲八卦方位之圖

乾一

兌二

巽五

離三

坎六

震四

艮七

坤八

此伏羲之易也。易之數也。對待不移者也。故伏羲圓圖皆相錯。以其對待也。所以上經首乾坤。乾坤之兩列者對待也。孔子繫辭天尊地卑一條。益本諸此。

文王八卦方位之圖

南
離
坤
兌
西
乾
坎
北
艮
震
東
巽

此文王之易也。易之氣也流行不已者也。自震而離而兌而坎，春夏秋冬一氣而已。故文王序卦，一上一下相綜者，以其流行而不已也。所以下經首咸恆，咸恆之交感者，流行也。孔子繫辭剛柔相摩一條，蓋本諸此。蓋有對待，其氣運必流行而不已；有流行，其象數必對待而不移。故男女相對待，其氣必相摩盪；若不相摩盪，則男女皆死物矣。此處安得有先後，故不可分先天後天。

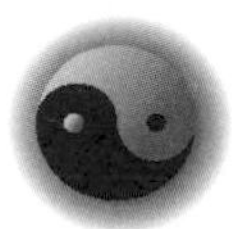

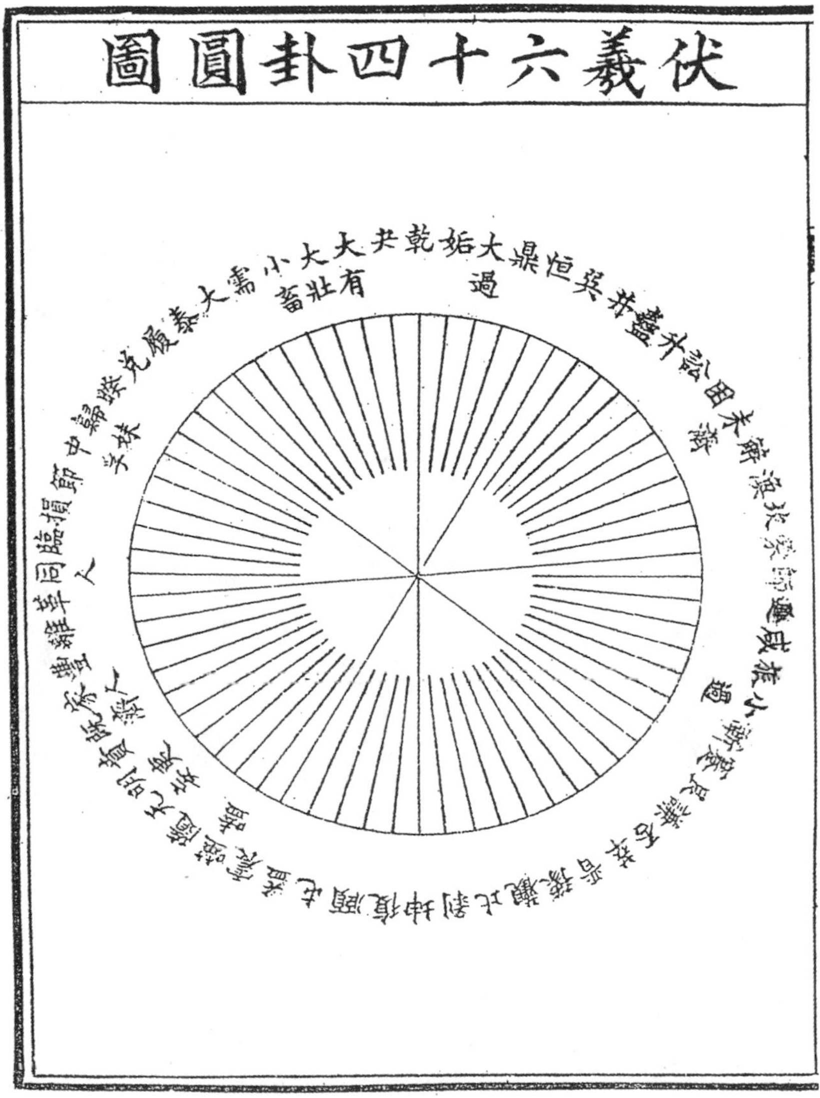
伏羲六十四卦圓圖
乾 姤 大過 鼎 恒 巽 井 蠱 升 訟 困 未濟 解 渙 坎 蒙 師 遯 咸 旅 小過 漸 蹇 艮 謙 否 萃 晉 豫 觀 比 剝 坤 復 頤 屯 益 震 噬嗑 隨 無妄 明夷 賁 既濟 家人 豐 離 革 同人 臨 損 節 中孚 歸妹 睽 兌 履 泰 大畜 需 小畜 大壯 大有 夬

伏羲圓圖 相錯一左 右謂之錯

乾一 乾☰ 坤☷ 錯

兌二 夬 剝 錯

離三 大有 比 錯

震四 大壯 觀 錯

巽五 小畜 豫 錯

文王序卦圖 相綜一上一 下謂之綜

屯 見而不失其居 蒙 雜而著

需 不進也 訟 不親也

師 憂 比 樂

小畜 寡也 履 不處也

來瞿唐先生分伏羲文王錯綜圖說 文王序卦六十四卦除乾坤坎離大過頤小過中孚八个卦相錯其餘五十六卦皆相綜雖四正之卦如否泰既濟未濟四卦四隅之卦如歸妹漸隨蠱四卦

坎六　艮七　坤八　乾一　兌二　離三

需 晋　大畜 萃　泰 否　履 謙　兌 艮　睽 蹇

錯　錯　錯　錯　錯　錯

泰反其類也　同人親也　謙輕　隨无故也　臨或與　噬嗑食也

否反其類也　大有衆也　豫怠也　蠱則飭也　觀或求也　賁无色也

此八卦可錯可綜然文王皆以爲綜也故五十六卦止有二十八卦向上成一卦向下成一卦共相錯之卦三十六卦所以上經分十八卦下經分十八卦其相綜自然而然之妙亦如伏羲圓圖相

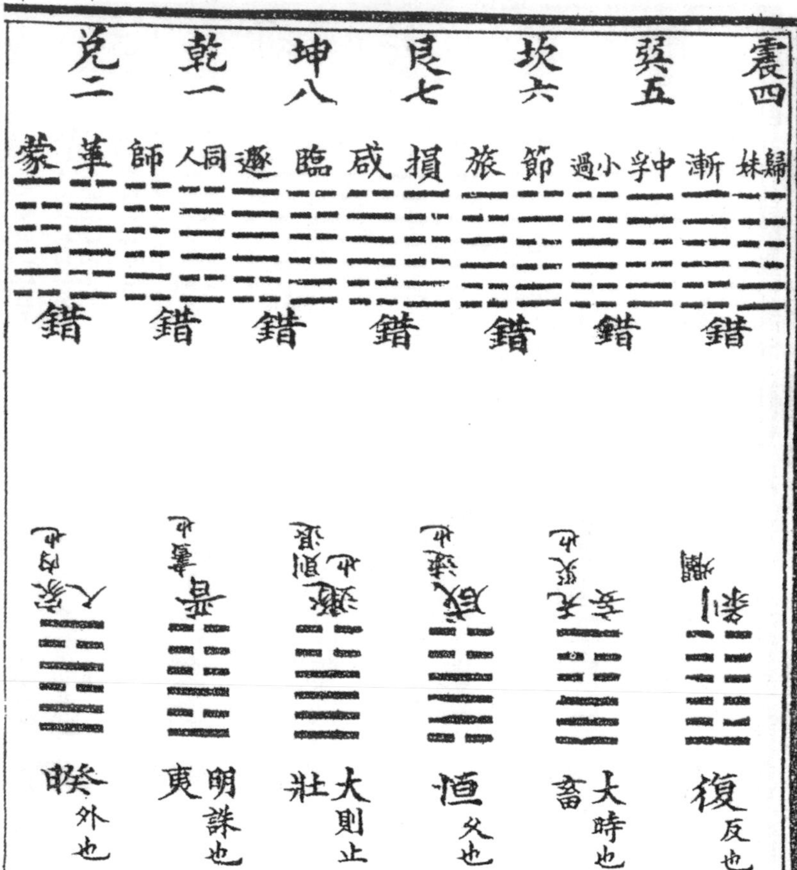

震四　巽五　坎六　艮七　坤八　乾一　兌二

歸妹 漸 錯

中孚 小過 錯

節 旅 錯

損 咸 錯

臨 遯 錯

同人 師 錯

革 蒙 錯

剝爛也　復反也

无妄災也　大畜時也

咸速也　恆久也

遯則退也　大壯則止

晉晝也　明夷誅也

家人內也　睽外也

錯自然而然之妙。皆不假安排穿鑿。所以孔子贊其為天下之至變者。以此漢儒至宋儒止。以為上下篇之次序。不知繫要與員圖同。諸象皆藏于二圖錯綜之中。其中不知序卦繫要之妙則易不

離三　震四　巽五　坎六　艮七　坤八　乾一

離　坎　豐　渙　家人　解　既濟　未濟　賁　困　明夷　訟　无妄　升

錯　錯　錯　錯　錯　錯　錯

蹇難也　損盛衰之始　夬決也剛決柔　萃聚　困相遇　革去故

解緩也　益盛衰之始　姤遇也柔遇剛也　升不來也　井通　鼎取新也

得其門而入矣。因此將二圖並列之。

兌二 離三 震四 巽五 坎六 艮七 坤八

隨 蠱 噬嗑 井 震 巽 益 恒 屯 鼎 頤 大過 復 姤

錯 錯 錯 錯 錯 錯 錯

震 起也
漸 女歸待男行也
豐 多故
巽 伏也
渙 離也
既濟 定也

艮 止也
歸妹 女之終也
旅 親寡
兌 見
節 止也
未濟 男之窮也

來瞿唐先生八卦變六十四卦圖

乾一變 乾尾二卦言火 離尾二卦言天

姤 初爻變

遯 二爻變

否 三爻變

觀 四爻變

剝 五爻變

晉 復還四爻變

大有 歸本卦

離二變 離尾二卦言天 乾尾二卦言火

旅 初爻變

兌二變 兌尾二卦言雷 震尾二卦言澤

困 初爻變

萃 二爻變

咸 三爻變

蹇 四爻變

謙 五爻變

小過 復還四爻變

歸妹 歸本卦

震四變 震尾二卦言澤 兌尾二卦言雷

豫 初爻變

皆自然之數右八卦不過加太極兩儀四象八卦是也六十四卦不過變即繫辭所謂八卦成列象在其中矣因而重之爻在其中矣剛柔相推變在其中矣 在其中者如乾為陽剛乾下變一陰之巽二陰之艮三陰之坤坤為陰柔

鼎 二爻變
未濟 三爻變
渙 四爻變
蒙 五爻變
訟 復還四爻變
同人 歸本卦
巽五變 巽尾二卦言山 艮尾二卦言風
小畜 初爻變
家人 二爻變
益 三爻變
无妄 四爻變

解 二爻變
恒 三爻變
升 四爻變
井 五爻變
大過 復還四爻變
隨 歸本卦
坎六變 坎尾二卦言地 坤尾二卦言水
節 初爻變
屯 二爻變
既濟 三爻變
革 四爻變

坤下變一陽之震二陽之兌三陽之乾是剛柔相推也蓋三畫卦若不重成六畫則不能變六十四惟六畫則即變六十四矣所以每一卦六變即歸本卦下爻畫變爲七變連本卦成八卦以八加八即成六十四卦古之聖人見天地陰

噬嗑　五爻變

頤　復還四爻變

蠱　歸本卦

艮七變　艮尾二卦言風　巽尾二卦言山

賁　初爻變

大畜　二爻變

損　三爻變

睽　四爻變

履　五爻變

中孚　復還四爻變

漸　歸本卦

豐　五爻變

明夷　復還四爻變

師　歸本卦

坤八變　坤尾二卦言水　坎尾二卦言地

復　初爻變

臨　二爻變

泰　三爻變

大壯　四爻變

夬　五爻變

需　復還四爻變

比　歸本卦

陽變化之妙原是如此所以以易名之若依宋儒之說一分二二分四四分八八分十六十六分三十二三十二分六十四是一直死數何以為易且通不成卦惟以八加八方見陰陽自然造化之妙

※人生規劃——服務項目

一、嬰兒——命名、改名、公司行號撰名、藝名

人生落土八字命：如果有80單位磁場的命，若能再經由命理的角度配上吉祥之象、理、氣、數的運作增加到90單位的磁場能量，這樣的效果比你給小孩子的財產更有價值。

二、紫微斗數、八字、面相統論命運及每年的運勢

中華固有的五術文化山、醫、命、卜、相是人生生活的一大部份，不要因爲不了解而忽略它。這是一般知識也是必要的常識。《孫子兵法》：「知己知彼，百戰不殆。」

三、陽宅、辦公室、神位安置——趨吉避凶

先天主「氣」，後天主「運」，運氣的調適，關鍵到一個人的磁場，諸如健康、財運、求學、升官，人際關係等。

四、易經占卜（米卦、金錢卦或文王卦，大衍之數）

人生十之八九不如意，重點是在如何走過人生的低潮，才是最重要，諸如感情婚姻、出國移民、生意買賣、房地產投資、就業、健康就醫、以及小人困惑之事，均可透過「易經占卜」來爲您指點迷津。

※尚有重要抉擇如投入選舉，勝選策略運用，則必須透過「大衍之數」逐步運籌帷幄，決戰於百里之外。

預約服務電話：（02）27926724·0936168341

服務地點：台北市內湖區成功路4段359號3樓。

※教學服務

《易經》是21世紀「發財」的道源

《易經》暨占卜研習

1.基礎班　八週　附（米卦）

2.中級班　十八週　附（梅花易數）

3.高級班　廿四週　附（大衍之數）

4.職業班　面議。

5.研究中心（終身學習）面議。

△採小班制（八個以上～十六個）自己單位組成一班亦可開班。

△個別傳授（因材施教）

※歡迎先預約面談，並了解四週環境。

連絡電話：（02）27926724

0936168341

郵政劃撥：19440252　戶名：黃輝石

※歡迎來電預約到貴公司及團體，演講「人生與易經」的密切關係。

國家圖書館出版品預行編目資料

活學活用生活易經／黃輝石著.
－－初版－－ 台北市：宇河文化出版；
紅螞蟻圖書發行，2004〔民 93〕
面　　公分，－－(Easy Quick : 42)
ISBN 957-659-448-0 (平裝)

1.易經 - 研究與考訂
121.17　　93011405

Easy Quick 42
活學活用生活易經
作　　者／黃輝石
發 行 人／賴秀珍
榮譽總監／張錦基
總 編 輯／何南輝
文字編輯／林芊玲
美術編輯／林美琪
企劃製作／知青頻道
出　　版／宇河文化出版有限公司
發　　行／紅螞蟻圖書有限公司
地　　址／台北市內湖區舊宗路二段 121 巷 28 號 4F
郵撥帳號／ 1604621-1　紅螞蟻圖書有限公司
電　　話／(02)2795-3656（代表號）
傳　　眞／(02)2795-4100
登 記 證／局版北市業字第 1446 號
法律顧問／通律法律事務所　楊永成律師
印 刷 廠／鴻運彩色印刷有限公司
電　　話／(02)2985-8985 ・ 2989-5345
出版日期／ 2004 年 12 月　第一版第一刷

定價 260 元

ISBN 957-659-448-0　　Printed in Taiwan